Pferde und Reiten – mein Hobby

sport
ht

In der gleichen Reihe sind erschienen:

Moderne Reitlehre	ht 205
Welches Pferd für Freizeit und Sport?	ht 380
Ponys	ht 393
Mit Pferden richtig umgehen	ht 427
Reiten lernen in Wort + Bild	ht 444
Kegeln nach neuen Regeln	ht 243
Golf	ht 279
Sportschießen	ht 300
Lauf dich fit!	ht 382
Gymnastik für alle	ht 228
Yoga + Gymnastik	ht 333
Selbstverteidigung	ht 178
Judo – Karate – Taekwon-Do	ht 372
Judo für Jugendliche	ht 391
Judo – mein Freizeitsport	ht 454
Ski-aktuell	ht 265
Skilanglauf	ht 241
Skisport-Berater	ht 242
Ski-Gymnastik	ht 460
Tennis – Regeln und Ratschläge	ht 253
Tennis-Training	ht 374
Tennis-Gymnastik	ht 395
Tennis: Schlagtechnik	ht 420
Squash	ht 360
Taschenbuch des Segelsports	ht 123
Segelsurfen für Anfänger	ht 305
Segelsurfen für Fortgeschrittene + Könner	ht 398
Kanu	ht 326
Tauchen – mein Hobby	ht 277
Angeln und Fischen	ht 206
Sportbegriffe von A–Z	ht 324
Taschenlexikon des Sports	ht 302

Pferde und Reiten – mein Hobby

von Hans Joachim Köhler

Humboldt-Taschenbuchverlag

humboldt-taschenbuch 323
Umschlagbild: Anthony-Verlag/Norbert Döhrn
Zeichnungen: Wilhelm Eigener, Hamburg
Überarbeitet und aktualisiert durch die
Redaktion des FN Verlages der Deutschen
Reiterlichen Vereinigung (Warendorf) und
Klaus Wolf, Reitlehrer FN (Hannover)

Der Originaltitel des Werkes lautet: „Pferde – Reiter – Pferdesport"
Druck: Elsnerdruck GmbH, Berlin
Printed in Germany
ISBN 3–581–66323–6

4 5 * 84

Inhalt

Vom Umgang mit Pferden

Züchterische Entwicklung

Bei ihrer ersten Begegnung im diluvialen Zeitalter mögen Mensch und Pferd sich ziemlich erschrocken gegenübergestanden haben. Während das Pferd dem Menschen kein Leid zufügte, wurde ihm vom Urmenschen viel Arges angetan. Dieser unkultivierte Zeitgenosse trachtete ihm dauernd nach dem Leben. Der aus dem Paradies vertriebene Adam jagte das Pferd, und Eva machte Kleider aus seinem Fell und Trinkbecher aus seinen Hufen.
Auch die Raubtiere betrachteten das Pferd als willkommene Beute. Es war also gezwungen, sich eine immer größere Schnelligkeit anzugewöhnen, um fliehen zu können. So entwickelte sich das Pferd über die Formen des Tarpan, des Przewalski und des Diluvialmodells im Lauf von Zehntausenden von Jahren aus der Größe eines Esels zur Höhe unserer heutigen Kleinpferde und größeren Ponys.
Nach den Forschungsergebnissen tritt das Pferd als Haustier des Menschen erst nach der germanischen Völkerwanderung auf. Erste Andeutungen über seine Zähmung überliefern die Heiligen Bücher der Chinesen, die bis auf das Jahr 2155 vor Christi Geburt zurückführen. Eine planmäßige Zucht, wie wir sie heute vor allem in Europa kennen, ließ noch lange auf sich warten. Von den Arabern ist jedoch bekannt, daß sie früh begannen, besonders leistungsbewährte, treue und genügsame Stutenstämme zu pflegen und diese Blutzusammensetzungen aufzuzeichnen, so daß hier eigentlich die erste Zuchtauslese betrieben und das erste Stutbuch, wenn man es so nennen will, angelegt wurde.
Während sich überall in der Welt mit der Zeit bestimmte Land-

rassen herauskristallisierten – praktische, nützliche, aber unbedeutende grobe Modelle –, entstand als späterer Veredler und Kulturformer das Englische Vollblutpferd. Von England ging also das aus, was man ureigentlich Pferdezucht nennt. Und Englische Vollbluthengste waren es, die den verschiedenen Landrassen zu ihrem heutigen Aussehen, zu ihrer heutigen vielseitigen Leistungsfähigkeit verhalfen.

Dieses Vollblut, als dessen Stammväter die drei arabischen Hengste The Darley Arabian, The Godolphin Arabian und Byerly Turk angesehen werden, entstand aus Kreuzungen zwischen edlem arabischem Blut und der Insel-Landrasse, wobei die Veredelung dadurch besonders schnell und intensiv, ja, auch auf verhältnismäßig breiter Basis vorangetrieben wurde, daß in England bereits seit dem 14. Jahrhundert Pferderennen gelaufen wurden. Diese bewirkten eine laufende rigorose Selektion, und so kam in die Zucht immer nur das leistungsfähigste, edelste Blut, was dazu führte, daß schon 1793 das erste amtliche englische General Studbook herausgegeben werden konnte, welches die Entwicklung der englischen Edel-Reinzucht bis zum Jahr 1600 zurückverfolgt. In diesem Stutbuch wurden 5500 Pferden die Gütemarke »Englisches Vollblut« zugesprochen. Dieses Buch galt nun von 1793 an gleichsam als Gesetzbuch: Wenn beispielsweise von 64 Vorfahren eines Pferdes auch nur einer nicht im General Studbook verzeichnet stand, galt es nicht als Vollblut, sondern als Halbblut.

Mit dem englischen Pferderennsport kam im 19. Jahrhundert auch die Vollblutzucht nach Deutschland. Sie entwickelte sich hier in Reinzucht und wirkte sich durch zahlreiche Hengste in der bäuerlichen Landespferdezucht aus. Auf diese Weise entstanden die Ostpreußen und Trakehner, die Hannoveraner, Holsteiner und Oldenburger.

Könige und Landesherren nahmen sich einer planmäßigen, staatlich geförderten Zucht an. So gründete König Friedrich Wilhelm I. im Jahre 1732 das in den ostpreußischen Kreisen Stallupönen und Gumbinnen gelegene Hauptgestüt Trakehnen – zunächst als Hofgestüt, in dem die Pferde für den Obermarstall des Königs gezogen werden sollten. Friedrich II., der anfangs nur

Wildpferd
(Höhlenzeichnung aus der jüngeren Steinzeit)

wenig Interesse an Trakehnen hatte und vor allem auf die Erzielung möglichst hoher Überschüsse erpicht war, förderte dieses Gestüt erst, als er feststellte, daß die Trakehner den übrigen Marstallpferden meist englischer Herkunft in der Leistung überlegen waren und die Strecke Berlin–Potsdam in einer bis dahin für unerreichbar gehaltenen kurzen Zeit zurücklegten. Erst unter Friedrich Wilhelm II. jedoch gelangte Trakehnen zu allgemeiner züchterischer Bedeutung, als es in die Kategorie der Staatsgestüte überging: Es wurde der weltberühmte Quell, aus dem die ganze ostpreußische Edelzucht ständig versorgt wurde, der sie durch die laufende Lieferung von Hengsten für die Landgestüte ständig verbesserte. Neben arabischen und Trakehner Hauptbeschälern standen vom Anfang bis zum Untergang des Hauptgestüts im Frühjahr 1945 Englische Vollbluthengste.

Für das große niedersächsische Zuchtgebiet begründete Georg der Andere von Gottes Gnaden, König von Großbritannien pp., Hertzog zu Braunschweig und Lüneburg, des heiligen römischen Reiches Ertzschatzmeister und Churfürst, das Landgestüt Celle. Seitdem gibt es den berühmten Hannoveraner. Im Gegensatz zum Hauptgestüt Trakehnen, das mehrere hundert Stuten selbst hielt, um aus diesen mit Hilfe weniger auserwählter Hengste Zuchtspitzen für die Landespferdezucht zu erzeugen, war Celle lediglich ein Hengstdepot wie die ostpreußischen Landgestüte, die ihre besten Nachwuchshengste aus Trakehnen bezogen. Die Celler Hengste wurden – und werden – im Frühjahr auf etwa einhundert Deckstationen im Lande verteilt, so daß die Stuten, meist in bäuerlichem Besitz, in nicht allzu großen Fußmärschen diese Beschäler erreichen können.

Durch diese staatliche Gründungsinitiative und ständige Erhaltungsbereitschaft war es möglich, eine strenge Auslese in der Hengsthaltung wirksam werden zu lassen und damit die Zucht in Reinkultur ständig zu verbessern. Diese Bemühungen waren um so mehr von Erfolg gekrönt, als sich überall Zuchtverbände bildeten, die sich vor allem mit der Sichtung, Wertung und Registrierung der Stuten- und Fohlenbestände befaßten und durch ihre Arbeit entscheidend dazu beitrugen, daß sich Markenzuchten entwickelten, die sich schließlich durch verschiedene Brandzeichen kennzeichneten.

Hengstkörungen wurden jedem Hengstbesitzer zur Pflicht gemacht, und das Körgesetz regelte die Unfruchtbarmachung all jener Hengste, die für die Zucht nicht gut genug erschienen oder aus anderen Gründen keine Deckerlaubnis erhielten. So bewahrte die Vatertierhaltung in der Pferdezucht eine höchst qualitätsvolle Bedeutung bis zum heutigen Tag.

Für das weibliche Zuchtmaterial wurden Stutenschauen eingerichtet mit Prämiierungen in verschiedenen Altersklassen sowie in Familien und Abstammungsgruppen. So wurde auch hier der züchterische Ehrgeiz geweckt und gleichzeitig den Zuchtleitungen Gelegenheit gegeben, sich laufend von der Qualität im allgemeinen und von der Vererbung im einzelnen ein Bild zu verschaffen. Einzelne Zuchtgebiete richteten Prüfungsanstalten für Hengste ein, um nach einjährigem Training festzustellen, welche Beschälerkandidaten für die Zucht in den Landgestüten Aufstellung finden sollten. Darüber hinaus standen die Produkte aller Zuchten mehr und mehr im Rampenlicht der Öffentlichkeit, als der Reit- und Turniersport sich ausbreitete und in seinen vielseitigen Prüfungen laufend die Leistungsanlagen und das Leistungsvermögen der einzelnen Zuchtprodukte herausstellte. In der Vollblutzucht gab es diese Leistungsauslese schon lange vorher durch die Rennen.

Als Folge all dieser Maßnahmen ist heute ein hohes Niveau in Zucht und Leistung erreicht, ein Maßstab, der sich jedoch laufend noch verschärft, weil die reinen Reit- und Sportpferdequalitäten noch weit mehr als früher herausgezüchtet werden müssen, denn die Abnehmer aller Landeszuchten sind in erster Linie Reiter und selten die einst vom Pferdeeinsatz abhängige Landwirtschaft.

Um einen gewissen Eindruck von züchterischer Atmosphäre zu bekommen, begleiten wir einen Landstallmeister in sein Zuchtgebiet:

»Noch stand das Hoftor im Alten Lande weit geöffnet, das den großen Reisewagen des Oberlandstallmeisters Friedrich von Spörcken an einem naßkalten 1840er Märzabend aufgenommen hatte. Die beiden Celler Wagenhengste – seit Wochen auf vielfach unergründlichen Wegen durch Wesermarsch, Wursten, Hadeln und Kehdingen im Geschirr – traten mit langen, tiefen Hälsen und infolge der Anstrengungen des Tages bedächtig in ihren Bewegungen in die hocheingestreuten Boxen des vorbereiteten Stalles, als der Deckstellenvorsteher des einheimischen Bezirkes nach kurzer Berichterstattung den Hof wieder verließ, um das eigene Quartier zu zeitiger Nachtruhe aufzusuchen.

Schon die frühen Morgenstunden ließen den Landstallmeister und seinen Gestütwärter auf der Deckstation zu eingehender Instruktion und zur Musterung der staatlichen Hengste zusammentreffen. Maidenstuten und Fohlenstuten – gesattelt und im Wagen – waren um diese Zeit aus vielen Ortschaften der näheren und weiteren Umgebung unterwegs, um sich ein Stelldichein zu geben mit den Vertretern ihres anderen Geschlechts. Während in Erwartung der Hengstvorführung jeder berittene Ankömmling und jedes Gespann aufgeregt an die Seite gewinkt oder zum Halten veranlaßt wurde, erschien, von Züchtern, Zuschauern und allen Angehörigen des weiblichen Pferdegeschlechts gleichermaßen bewundert, der erste Beschäler im Rahmen der Stalltür: hengstig und ungebärdig angesichts der buntbewegten Umgebung.

Im Auseinanderstreben der zahlreichen Zuschauer, unter denen die heranwachsende Dorfjugend nicht fehlte, trat nach Beendigung des Musterns Herr von Spörcken unter die anwesenden Züchter, wie immer aufgeschlossen für mannigfache Wünsche und Bemerkungen. Als der Wagen vorfuhr, der den Chef der hannoverschen Landespferdezucht zusammen mit dem Deckstellenleiter zur Beurteilung der züchterischen Ergebnisse auf die Höfe des weitläufigen Stationsbezirks entführen sollte, hatte der amtierende Beschäler seinen Dienst am Probierstand begonnen. Dröhnende Schläge einer ablehnenden Stute gegen die aus Eichenholz gefertigte Wandung zeigten ihm die Hoffnungslosigkeit seines Werbens und vermischten sich mit dem Rollen des sich entfernenden Reisewagens.«

Pferderassen

Nicht nach Celsius gemessen erklären sich die Rassenbegriffe Vollblut, Warm-(Halb-)blut, Kaltblut und Pony, um hier die heutigen Grundrassen zu nennen. Der Begriff Vollblut erklärt sich aus dem Wort »durchgezüchtet«, also voll von edelstem, rassereinem Blut, gemäß dem englischen General Studbook. Das Warm- oder Halbblut (durch Vollblut veredelte und verbesserte Landrassen) ist ein Begriff des zwar edlen, aber dennoch ruhigeren Vielseitigkeitspferdes, während die Vertreter der Kaltblutrasse, jene mächtigen Lastenschlepper, die man heute noch gelegentlich im Stadtbild vor Brauereiwagen sieht, ihren Namen (Kalt) ihrer stoischen Ruhe und ihrem gewissen Phlegma verdanken. Die Ponyrasse ist ein feststehender, allgemein bekannter Begriff.

Über alle Rassen und Schläge wird in diesem Buch auf Farbtafeln ein umfassender Überblick gegeben. Hierzu sei noch erläutert, daß man die verschiedenen Typ- und Modellzuchten innerhalb einer Rasse, also beispielsweise im Warm-(Halb-)blut Hannover, Holstein, Trakehnen oder Oldenburg, ursprünglich als Schläge bezeichnete. Je länger aber diese Schläge in sich durchgezüchtet sind und ihre charakteristischen Merkmale typdeutlich entwikkeln, um so mehr nähern sie sich einem eigenen Rassebegriff. Und so dürfte es heute nicht abseitig erscheinen, wenn sich einzelne Schläge als Rasse bezeichnen.

Eines ist unumstritten: Die Pferderasse, die sich überall übereinstimmend vorstellt und über die ganze Welt verbreitet ist, ist das Englische Vollblut. Es ist lediglich eine Frage nationaler Interes-

gerader Rücken

Karpfenrücken

Senkrücken

steile Schulter

lange schräge Schulter

Stellung der Vorder- und Hinterfüße

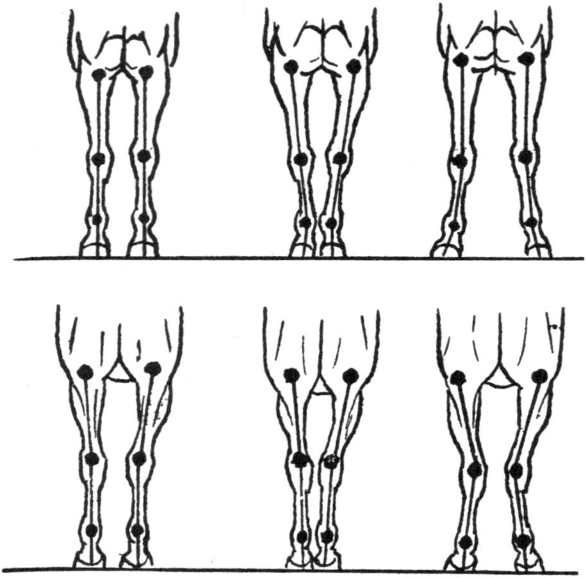

normal *bodeneng* *bodenweit*

sen, ob man dieses Blut beispielsweise in Frankreich französisches oder in den USA amerikanisches Vollblut nennt. Dieser Nationalcharakter ist jedoch eigentlich abwegig, denn keine Pferdezucht auf dieser Erde wird durch ständigen Blutaustausch internationaler erhalten als das Vollblut.

Die warmblütige Rasse hat in Europa ihren Schwerpunkt, so vor allem im Lande Hannover, dem größten geschlossenen Zuchtgebiet seiner Art. Hier wird ein großer Teil der Turnierpferde gezogen, die im In- und Ausland die Turnierplätze beherrschen. Aber auch Irland ist eine Zuchtdomäne für diese Sparte, wenngleich die Blutmischung dort nicht immer nach den Prinzipien der Halbblutzucht erfolgt. Nicht zu vergessen ist Frankreich, das eine blühende Halbblutzucht sein eigen nennt.

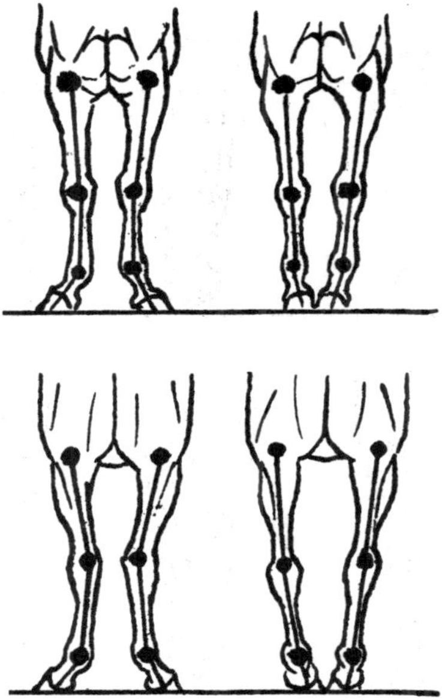

zehenweit *zeheneng*

Das Kaltblut ist im letzten Jahrzehnt stark zurückgegangen, weil die tierische Zugkraft durch den Motor an den äußersten Rand ihrer Daseinsberechtigung zurückgedrängt wurde, während die Ponys überall an Beliebtheit und Verbreitung gewonnen haben.

Wer da nun fragt, wo denn heute die Araberrasse rangiert, dem sei gesagt, daß sie nach wie vor lebt und auch weiterhin ihre Aufgabe darin erfüllt, daß sie intervenierend die Landespferdezuchten zusammen mit dem Englischen Vollblut von Zeit zu Zeit erhärtet und in aller Welt Liebhaber besitzt, die dieses zahlenmäßig verhältnismäßig kleine Kulturgut erhalten.

Von jeher hat man der Araberzucht in Polen großes Interesse entgegengebracht. Das polnische Araber-Hauptgestüt Janow

Podlaski am Bug, unweit Brest-Litowsk, besitzt nach wie vor Weltruf. Von hier kam auch der berühmte Schimmelhengst Fetysz ox, der im Hauptgestüt Trakehnen bis 1944 wirkte und dessen Vererbung ganz besonders wertvoll war.

Stellung der Sprunggelenke

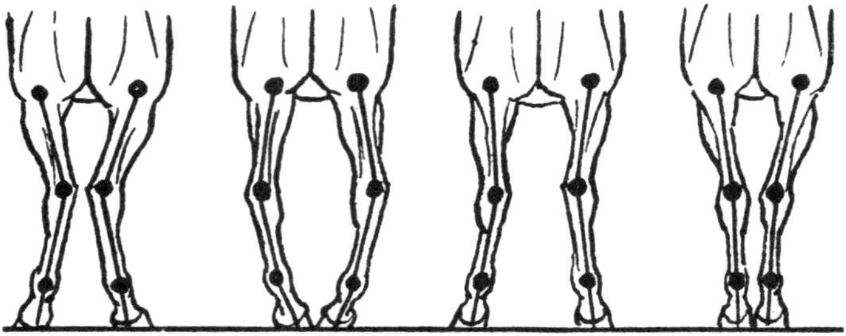

kuhhessig *faßbeinig* *bodenweit* *bodeneng*

Anatomisches

So wie beim Pkw nicht allein der Autoschlosser mit den motorischen Vorgängen vertraut sein sollte, so wenig ist beim Pferd das Gebiet des Anatomischen allein eine Domäne des Tierarztes. Auch der Pferdebesitzer und der Reiter müssen anatomisch bewandert sein, wenn sie richtig ausbilden und ebenso gleichmäßige wie hochgesteckte Leistungen erreichen wollen.
Ein großer Unterschied zwischen Pferd und Motor besteht darin, daß der Motor bei richtiger Konstruktion, zweckmäßiger Pflege und ausreichender Versorgung mit Treibstoff seiner Marke oder seinem Modell entsprechende übereinstimmende und – bis zu einem bestimmten Verbrauchsgrad – auch gleichbleibende Leistungen zeigt. Diese Voraussetzungen, im übertragenen Sinne gesehen, genügen beim Pferd nicht. Denn hier sprechen innere Eigen-

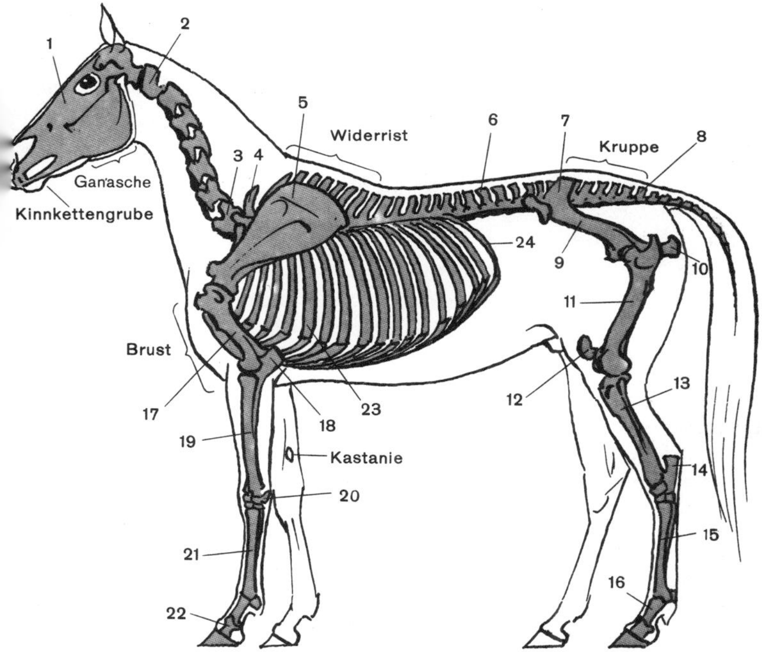

1	*Schädel*	*9*	*Darmbein*	*17*	*Oberarmbein*
2	*1. Halswirbel*	*10*	*Sitzbeinhöcker*	*18*	*Ellenbogenhöcker*
3	*7. Halswirbel*	*11*	*Oberschenkelbein*	*19*	*Unterarmbein*
4	*1. Rückenwirbel*	*12*	*Kniescheibe*	*20*	*Erbsenbein*
5	*Schulterblatt*	*13*	*Unterschenkelbein*	*21*	*Röhrbein*
6	*1. Lendenwirbel*	*14*	*Sprunggelenkhöcker*	*22*	*Kronbein*
7	*6. Lendenwirbel*	*15*	*Röhrbein*	*23*	*6. Rippe*
8	*1. Schwanzwirbel*	*16*	*Fesselbein*	*24*	*18. Rippe*

schaften des Charakters, des Temperaments oder des Willens mit, Erscheinungen, die dadurch noch weiteren Variationen ausgesetzt sind, daß die verschiedenen Einwirkungen schwacher oder starker, gefühlskalter oder sensibler, unerfahrener oder routinierter Reiter auf ein und dasselbe Pferd oft gänzlich verschiedene Reaktionen hervorrufen.

Wie das »korrekte Pferd« gebaut und im einzelnen anatomisch beschaffen sein soll, liegt fest. Doch gibt es naturgemäß gravierende Unterschiede zwischen den Modellen eines Rennpferdes, eines halbblütigen Vielseitigkeitspferdes, eines Spring- oder Dressurpferdes, eines eleganten Wagenpferdes oder eines schweren Zugpferdes, und nicht zu vergessen der mannigfachen Ponytypen.

Bei allen Modellen geht man jedoch von der Hauptantriebskraft, dem Motor, aus. Denn hier werden die Schub- und die (balancierende) Tragkraft entwickelt. Beim Pferd ist dies die Hinterhand, die im Hebelspiel zwischen Hüftgelenk, Sitzbein, Knie, Sprunggelenk, Fesselgelenk und Hufgelenk kraftvoll unter den Schwerpunkt greift und dadurch den ganzen Körper vorwärts bringt und im Gleichgewicht trägt. Beim Reitpferd ist hierbei eine ausgeprägte Geschmeidigkeit zu fordern, die dem Pferd ein Sichsetzen, eine Versammlung aus der Hankenbeuge ermöglicht. Diese »Konstruktion« läßt die Hinterhand in ihrer kraftvollen Arbeit tiefer, die Vorhand mit Halsung und Kopf höher, erhabener werden. Starke, durch das reiterliche Training voll zu entwikkelnde Muskelgruppen unterstützen den Bewegungsablauf.

Eine eilige Beschleunigung des Pferde-»Motors« ohne gleichmäßigen Takt entwickelt übereilte und ungleichmäßige Tritte. Das Pferd »läuft«. Hier gilt es, schon vom Züchterischen her auf eine ausgewogene Qualität der Hinterhand zu achten und auf einen von Natur aus so konstruierten Rücken, daß dieser als Brücke zwischen Hinter- und Vorhand in der Lage ist, die von hinten nach vorn entwickelten Kräfte rhythmisch schwingend weiterzuleiten. Verkrampfungen oder Schwäche in dieser Brücke können einen harten, stotternden oder bedrückten, am Boden klebenden Bewegungsablauf bewirken, wobei selbstverständlich ein von Natur her hervorragend arbeitender Pferderücken durch fal-

sche Ausbildung zu einer schlechten Verbindung zwischen Hinter- und Vorhand werden kann.
Die Bedeutung der Vorhand und die Art ihrer Konstruktion soll erst untersucht werden, wenn die Sattellage des Pferdes besprochen ist. Dieser Punkt ist bei einem Reitpferd von ausschlaggebender Bedeutung für die Verteilung der Last auf dem Pferd und damit für dessen Haltung und Bewegungen. Es gab zu Zeiten der vordringlichen Zucht eines Wirtschaftspferdes viele Modelle mit kurzer, steiler Schulter und kurzem Widerrist. Die unter dem Sattel genutzten Pferde ließen dadurch vielfach den Reiter auf der Schulter sitzen, so daß die proportionelle Gewichtsverteilung von immerhin durchschnittlich 75 kg unzweckmäßig war und außerdem die Freiheit und die Leichtigkeit der Gangarten behinderte. Auch hatte der Reiter wenig »vor sich«; er hatte mehr das Gefühl, unmittelbar hinter den Ohren zu sitzen. Seither sind in dieser Frage beachtliche Fortschritte gemacht worden. Die Schultern wurden länger und schräger in ihrer Lage, und der Widerrist gewann an Höhe, vor allem aber an Länge in den Rücken hinein. Bei dieser Konstruktion sitzt der Reiter genau im Schwerpunkt, wird also durch den Vorgriff der Hinterbeine genau an der richtigen Stelle gewichtsmäßig abgefangen und hat außerdem die Schulter und den ganzen Hals vor sich. Er sitzt also praktisch hinter der Schulter unter voller Entlastung der Vorhand, die erhaben herausgewachsen sein soll, mit nicht zu tief angesetzter, ausreichend langer Halsung und charaktervollem, trockenem Kopf, der in seiner Form zur Gesamterscheinung des Pferdes paßt.
Von wesentlicher Bedeutung ist das Fundament des Pferdes, seine vier Beine also, die den Körper tragen und bewegen. Die Stellung dieser Gliedmaßen soll so sein, daß der Körper ohne Abweichung oder Verkantung gleichmäßig gut unterstützt wird. Dazu gehört eine entsprechende Qualität der Gelenke, über die die Beuge- und Strecksehnen laufen und an denen die Muskelbänder befestigt sind. Je größer diese Gelenke sind, um so sicherer ruht und hebelt der ganze Bandapparat, an dessen Widerstandsfähigkeit außerordentliche Ansprüche gestellt werden. Um sich hierüber klarzuwerden, betrachte man beispielsweise ein-

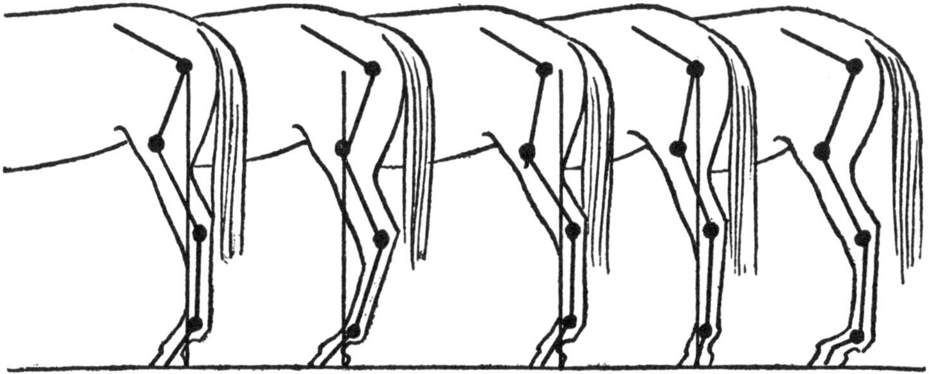
regelmäßig
vorständig
rückständig
steil
bärentatzig

Stellung der Vorhand

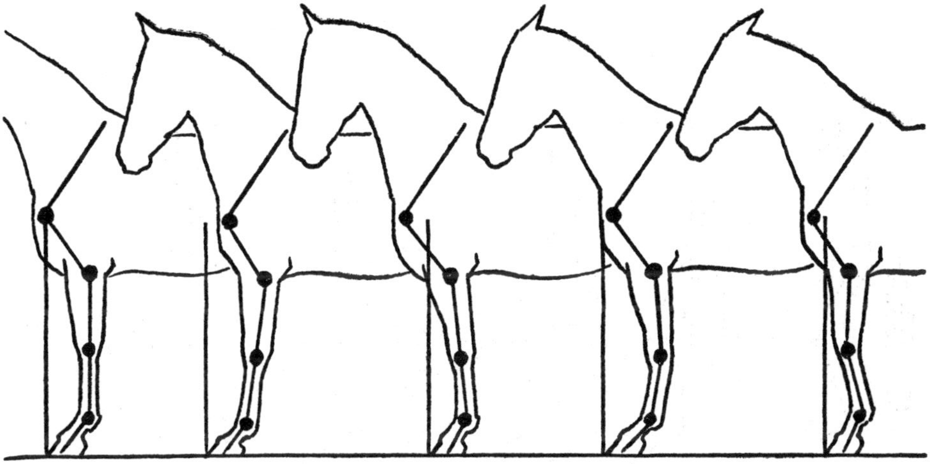

mal ein Springbild, auf dem das Pferd gerade auf den Vorderbeinen landet.

Daß hier keine in alle Einzelheiten gehende Anatomie betrieben werden kann, liegt auf der Hand. Wir wollen daher nur noch auf eine Sparte von sogenannten Pferdekennern eingehen, die ganz allgemein als »Fehlergucker« bezeichnet werden.

In der Tat gibt es nämlich kein noch so gut gebautes und mit noch so guten inneren Eigenschaften versehenes Pferd, dem nicht letztlich doch irgendwelche vermeintliche oder tatsächliche Mängel anhaften. Viele Menschen eignen sich mühsam eine genaue Vorstellung von dem sogenannten »korrekten Pferd« an und werten alles davon Abweichende als Fehler. Nun sorgt aber die Natur dafür, daß wirklich bedeutende Pferde oft keineswegs immer ganz »korrekt« sind. Bei ihnen werden jedoch gewisse Fehler, in der Stellung der Gliedmaßen beispielsweise, durch ausgleichende Partien so sehr kompensiert, daß der Fehler nur ein vermeintlicher Fehler ist. »Korrekte« Pferde dagegen sind nicht selten simple Durchschnittsware ohne jeden Pfiff, ohne jede größere Bedeutung.

So ist also erst der ein wirklicher Pferdekenner, der von Natur aus ein Auge dafür hat, Vor- und Nachteile richtig gegeneinander abzuwägen und vermeintliche Fehler und wirkliche Mängel als solche zu erkennen, der sein angeborenes gutes Auge in langjähriger Erfahrung bis zu ausgeprägter, sicherer Routine geschult hat. Ein Sprichwort unterstreicht diese Erkenntnis: »Wer Pferde sucht und Frauen ohne Mängel, hat nie ein gutes Pferd im Stall, im Haus nie einen Engel.«

Pferdehaltung und -pflege

Unendlich mannigfach und verschieden sind die vielen Möglichkeiten der Pferdehaltung: Vom Vollblutgestüt über den Rennstall, vom bäuerlichen Züchterhof zum städtischen Reitbetrieb und zum Turnierstall, vom Lipizzanergestüt Piber zur Spanischen Hofreitschule in Wien oder von den Wildpferden des Herzogs von Croy bis zum Behelfsstall, in dem Stadtkinder ihre geliebten Ponys halten, um aus der großen Auswahl der Pferde-

haltungsgepflogenheiten in aller Welt einige der bei uns gebräuchlichsten zu zitieren.
Die Mehrzahl aller Pferde lebt mit der Natur, mit den Jahreszeiten. Ende April bis Anfang Mai beginnt überall der Weideaustrieb für die Mutterstuten mit ihren Fohlen, der Weidegang für die Jährlinge, die Zweijährigen und vielfach auch die Dreijährigen. Zuvor sind die Weiden gedüngt worden, und die Koppelzäune wurden Meter für Meter auf undichte Stellen oder herumliegenden Draht abgegangen. Die Qualität des Graswuchses muß für Pferde besonders gut sein; saure und kalkarme Gräser bringen nur geringe Entwicklung. Und noch etwas ist vom Züchter und Aufzüchter zu beachten: Einseitige Pferdebegrasung über Jahre hinweg macht die Weiden »pferdemüde«. Es muß also auch Rindvieh mit herangezogen werden für den sogenannten Weidebesatz.
In diesen Monaten pflegen sich die Pferde praktisch selbst. Wind, Sonne und Regen massieren die Haut, deren Fell um diese Jahreszeit dünn und seidig ist. Wälzen und Baden wechseln sich ab, und nur selten unterbrochenes Grasen gibt eine üppige Kondition.
Ende September bis Mitte Oktober kommt die Zeit der Aufstallung. Nach fünf Monaten also ist die Freiheit wieder vorbei. Der Grasgehalt läßt um diese Zeit sehr nach, Witterungsunbilden, manchmal auch schon Frost, machen die Pferde zwar widerstandsfähig, zehren aber doch erheblich an ihren Kräften.
In den Reit- und Turnierställen, in den Trainingszentralen der Galopp- und Trabrennpferde und in den Landgestüten, wo die Hengste für die Zucht zur Weidezeit auf den Deckstationen stehen, oder gar in den Zirkusunternehmungen gibt es das ganze Jahr fast ausnahmslos nur die Stallhaltung mit regelmäßiger Pflege bei gelegentlichem Auslauf.
Hafer ist und bleibt noch immer die Hauptnahrung für Pferde. Dazu gehört die Fütterung einer ausreichenden Menge von Wiesen-, Berg- oder Ackerheu. Vielfach wird mit Erfolg zum Hafer auch Mischfutter gegeben, in das Futterwissenschaftler Spurenelemente, Kalk und alle möglichen Vitamine hineingebracht haben. Rote oder gelbe Möhren bilden eine gesunde Zusatznah-

rung. Bei alledem ist das regelmäßige und ausgiebige Anbieten von Wasser eine Vorbedingung für die Gesunderhaltung, Entwicklung und Leistungsfähigkeit. Ein Pferd kann nämlich länger ohne Futter als ohne Wasser auskommen.
Die Art der menschlichen Fürsorge bestimmt letztlich den Erfolg einer Pferdehaltung. Dazu gehören ausreichende Erfahrungen, unbedingte Pünktlichkeit und gleichbleibende Zuverlässigkeit in Fütterung und Wartung. Pferde sind kein Spielzeug, sondern anspruchsvolle Kreaturen.

Psychologisches

Bei der Betrachtung anatomischer Gesichtspunkte wurde auch die Bedeutung der inneren Eigenschaften betont. Das Innere und das Äußere gehen Hand in Hand. Man kann beides nicht voneinander trennen, sondern höchstens den Fehler machen, das Exterieur (die äußere Form) einseitig zu hoch, das Interieur zu gering zu bewerten oder gar ganz zu übersehen. Aus der Studie des Tierarztes Dr. Wolter, der zugleich als Reiter erfolgreich war, wird manches klar, was zu diesem Thema zu sagen ist:
»Mit jedem lebenden, uns näher bekannten Wesen tritt ein bestimmtes Bild vor unser inneres Auge, wenn unsere Gedanken sich darum schließen. Die äußere Gestalt, der Gang, der Blick des Auges, alles dieses steht plastisch vor uns. Es ist sofort in seiner Gesamtheit da, es lebt. Das Auge des Züchters läßt Fohlen und Pferde gedeihen. Es läßt sich durch kein noch so ausgeklügeltes Schema ersetzen.
Aber nicht nur das anatomisch zerlegbare Äußere ist dann vorhanden, sondern vor allem die Eigenschaften und Besonderheiten des Wesens eben der Psyche. Es ist eine oft gehörte Tatsache, daß Reiter und Fahrer ihre Pferde nicht mehr in jeder äußeren Einzelheit beschreiben können, wenn sie die Tiere längere Zeit nicht gesehen haben, und jeder ehrliche Pferdemann muß zugeben, daß er nicht in der Lage ist, die Form der Blesse seines Pferdes unter Eid genau nachzuzeichnen. Das innere Wesen aber, das Temperament, die Psyche also, ist bis in alle Einzelheiten gegenwärtig, wenn nur der Name des Pferdes fällt.

Es sind also nicht allein der edle Bau, die schwungvollen Bewegungen, die Muskelpracht und das wellige Mähnenhaar, die die Erinnerung an das Pferd in uns wachhalten, sondern viel stärker die seelischen Eigenschaften, die mit einer größeren Kraft ihre Zeichen in unser Gedächtnis schreiben, als es je Körper und Gestalt vermögen. Unsterbliches rührt uns an in dem Augenblick, in dem die Seele des Pferdes in uns wirksam ist.

Müde, mit hängendem Kopfe, langsam einen Fuß vor den anderen setzend, zieht soeben ein Gespann Pferde einen Milchwagen an meinem Fenster vorbei. Beide Pferde sind mir gut bekannt, da sie beide in meiner Behandlung gewesen sind. Sie sind noch jung, fünf und sieben Jahre alt.

Danach tauchen vor meinem inneren Auge die Turnierbilder des vergangenen Sommers auf. Feurige, mutige Pferde setzen mit Elan über die Hürden, in den Dressurprüfungen bezaubern die tänzerischen Gänge. Kraft und Lebensmut sprechen dort aus jedem Pferdeauge. Welch ein Unterschied! Wie ist er möglich? Um das zu verstehen, wollen wir im folgenden betrachten, was als Seele im Pferde wirksam ist und auf welchem Platz in der Natur das Pferd, ja das Tier überhaupt, steht.

Betrachtet man die lebende Natur, gleichsam von innen heraus, so findet man zwei polare Erscheinungen. Auf der einen Seite wächst die Pflanze, an den Wachstumsort gefesselt, unbewußt, abhängig von Zeit und Gezeiten; der Rhythmus des Jahres ist für ihr Fortbestehen ausschlaggebend. Sie muß sich passiv diesen Einwirkungen hingeben.

Auf der gegenüberliegenden Seite steht der Mensch: aufrecht, in der Lage, sich selbständig zu bewegen, unabhängig geworden vom jahreszeitlichen Rhythmus. Er kann seine Eindrücke gefühlsmäßig oder auch verstandesmäßig aufnehmen, verarbeiten und von sich aus mit neuen Gedanken erfüllen und erweitern.

Zwischen beiden befindet sich das Tier, das sich selbständig bewegt, Gefühle äußert und danach handelt. Aber es ist nicht fähig, Gedanken neu erstehen zu lassen. Es lebt dem Strom seiner Triebe, ohne ihn gedanklich hemmen zu können. Dieser Trieb im Tier ist ein Zwang, der ihm keine freien Entscheidungen ermöglicht, vergleichbar einem Traumbild, wie es auf den Menschen im Schlaf zukommt und ihn zu Handlungen zwingt, die er im wachen Tagesbewußtsein nie begehen würde. Im Schlaf aber muß er sich den Gesetzen des Traumes anpassen.

So verläuft das Leben der Tiere wie im ›Traum‹. Das Tier ›schläft‹ in seiner körperlichen Gebundenheit, aus der es nicht erwachen kann. Es fehlt ihm dazu das Wichtigste – die Vernunft. Jedoch ist deswegen das Tier nicht arm an Erlebnissen, die sein Inneres angehen. Eine bunte Bilderwelt ist um das Tier gebaut. Nur kommt alles Geschehen zwangsläufig auf das Tier zu, wie eben in einem Traum.

Der Trieb, der das Tier zu seinen Affekthandlungen leitet, kann infolgedessen nicht durch selbständiges Denken in eine andere, sagen wir ethische Richtung gelenkt werden. So kommen die tierischen Handlungen zustande, die für den Menschen so schwer zu begreifen sind (Grausamkeit einiger Tiere; bei den Pferden das plötzliche Davongaloppieren einer ganzen Herde ohne wirklich hinreichenden Grund).

Auch die sogenannten ›Charakterfehler‹ müssen hier erwähnt werden, wie Beißen, Schlagen, Bockigsein unter dem Reiter, Stetigsein der Pferde. Weiß man aber, welche Ursachen in diesem Verhalten liegen und daß die Tiere gar nicht anders können, als so zu reagieren, so sucht man den ›Charakterfehler‹, wo er wirklich liegt, nämlich beim Menschen. Ein Pferd ist das Abbild seines Reiters oder Fahrers, und alle Bösartigkeiten sind in den meisten Fällen Auswirkungen des ›Albdruckes Mensch‹ auf das Pferd.

Aber nicht allein der Mensch formt die Seele des Pferdes. Die gesamte Umwelt, in die es gestellt ist, wirkt nachhaltig auf sein seelisches Verhalten. Das tägliche Einerlei der Arbeit, wie z. B. des Milchfahrens, wirkt erdrückend. Kommen noch Häusermeer und endlos gepflasterte Straßen dazu, ist die Abtötung jeglicher seelischer Regung nur noch vollkommener.

Das Pferd ist ein Tier der Weite. Es braucht Raum um sich, den es erobern will. Es muß zeitweilig die freie Erde unter seinen Hufen donnern hören oder sich wollüstig darauf wälzen können. Jeder Reiter sollte wissen, daß er seinem dressurmäßig gerittenen Pferd von Zeit zu Zeit am langen Zügel einen herzerfrischenden Galopp erlauben muß mit Seitensprüngen und Kapriolen.

Um das Gesamtbild der Pferdeseele abzurunden, muß zum Schluß ein Wort über die Intelligenz gesagt werden. Widersprechende Ansichten stoßen hier aufeinander. Hält die eine Gruppe die Pferde für außerordentlich intelligente Tiere, so gelten diese in der anderen für ausgesprochen dumm. Die Wahrheit liegt wie immer in der Mitte. Da steht z. B. ein prachtvoller Schimmelhengst in der Manege eines Zirkus. Sein Herr und Lehrer stellt ihm Rechenaufgaben, die der Hengst durch Klopfen auf ein Holzbrett richtig löst. Nachdem er dieses mehrere Male vorgeführt hat, wird in der ersten Reihe der Zuschauer ein Gegenstand versteckt, den der Hengst suchen muß. Er findet ihn in ganz kurzer Zeit. Danach werden Fragen an ihn gerichtet, die er mit Kopfschütteln oder Nicken in der gewünschten Weise ›beantwortet‹. Alle Zuschauer sind sich einig, ein selten intelligentes Pferd vor sich zu haben. Einige wenige halten alles für Schwindel.

Sind dies ausgesprochen intelligente Handlungen? Ja, aber nur, wenn die Intelligenz dort gesucht wird, wo sie wirklich vorhanden ist: in der ganz hervorragenden Aufmerksamkeit des Pferdes. Es besitzt ein glänzendes Beobachtungsvermögen, das es während der Aufgaben mit bewunderungswürdiger Konzentration einzig auf seinen Herrn richtet. Man bedenke, daß es sich meistens um Hilfen seitens des Vorführers handelt, die für das menschliche Auge nicht oder kaum noch wahrnehmbar sind. Wenn also auch eine Intelligenz im menschlichen Sinne nicht vorhanden ist, so liegt sowohl von seiten des Pferdes wie auch des Dresseurs eine besondere Leistung vor, und so sei beiden der Beifall der Menge von Herzen gegönnt. Denn eines ist bei alledem unumstritten: Pferd und Mensch haben gelernt, sich voll und ganz zu verstehen.

Oft wird ein Reiter von der Intelligenz seines Pferdes reden, wenn er es dressurmäßig arbeitet. Beim Üben der fliegenden Galoppwechsel zum Beispiel, die – um es dem Pferd zu erleichtern – immer am gleichen Punkt der Reitbahn geübt werden, muß der Reiter schon nach kurzer Zeit damit rechnen, daß sein arbeitsfreudiges Pferd von selber ein oder zwei Galoppsprünge zu früh umspringt, also bevor ihm die Hilfe dazu gegeben wurde.

Auch wird der Reiter merken, daß das Pferd bald die gesamte

Dressuraufgabe auswendig gehen kann. Als ich mit meiner Stute die fünfmaligen Schlangenlinien im Galopp (Aufgabe der Klasse M) übte, wobei die ersten beiden Galoppwechsel einfach gefordert werden, die folgenden fliegend, habe ich die Erfahrung gemacht, daß meine Stute schon beim dritten Male wußte, welcher Galoppwechsel in Frage kam. Ließ ich ihr hierin freie Hand, so sprang sie genau nach der Dressurvorschrift um, ohne meine Hilfen.

Als ich nun diese Übungen umgekehrt ausführen wollte, also zuerst die fliegenden Galoppwechsel und danach die einfachen, um zu sehen, wie meine Stute sich dabei benehmen würde, machte sie mich darauf aufmerksam, daß ich mich geirrt hätte. Sie war fühlbar empört, als ich auf dieser Ausführung bestand, und lehnte diese Übung für diesen Tag weiterhin ab. In den nächsten Tagen erwartete sie dann bereitwillig die Hilfen.

Dieselbe Stute benahm sich auch originell bei einer Aufgabe der Klasse L. Hierin kommt ein Galopp der Kehrtwendung aus der Ecke ohne Galoppwechsel mit einem einfachen Galoppwechsel an der nächsten kurzen Seite vor. Ritt ich die ganze Aufgabe durch, so machte ›Amei‹ niemals Miene, beim Ankommen auf dem Hufschlag einen fliegenden Galoppwechsel auszuführen; erst an der nächsten kurzen Seite führte sie einen einfachen Galoppwechsel durch, wie es gefordert war. Ritt ich die Kehrtwendung aus der Ecke im Galopp außerhalb des Rahmens der Dressuraufgabe, so versuchte sie immer beim Ankommen auf dem Hufschlag umzuspringen, weil ich ihr auf diesem Punkt bei früheren Gelegenheiten den fliegenden Galoppwechsel beigebracht hatte.

Andere Reiter erzählten mir eine Fülle ähnlicher Beispiele aus der Arbeit mit ihren Tieren. Daran zeigt sich die gute Auffassungsgabe des Pferdes, aber auch weiter, daß es einmal gekonnte Aufgaben als ein Ganzes auffaßt und diesen Ablauf nicht gern unterbricht. So führen auch die Zirkusleute ihre Arbeit immer in der gleichen Reihenfolge vor, da das Pferd durch das Behalten der Aufgabe von sich aus mitarbeitet.

Hierher gehört auch die Tatsache, daß ein Pferd, das täglich seinen bestimmten Weg mit den immer gleichen Haltepunkten geht, an den gewohnten Stellen von selbst stehenbleibt und ohne An-

ruf des Fahrers weitergeht, wenn eine für das Anfahren charakteristische Tatsache abgelaufen ist, z. B. das Klappern der Milchkannen. Hier wieder von einer ausgesprochenen Intelligenz zu reden, hieße die Begriffe zu verwirren.
Was uns hier mit Recht aufhorchen läßt, ist die außerordentliche Merkfähigkeit des Pferdes. Zur Intelligenz gehören Zielstrebigkeit und eigenes Urteil. Man mache sich den vorerwähnten traumhaften Zustand der Pferdeseele klar, um zu erkennen, daß die Intelligenz auf einer anderen Ebene zu suchen ist.
Der Mensch auf seiner hohen Entwicklungsstufe sei sich bei seiner Begegnung mit Tieren bewußt, daß sie in einer abgeschlossenen Entwicklung zurückgeblieben sind und nur noch die eine Möglichkeit zum Ausdruck bringen können: ganz Tier zu sein.
So weist auch die Physiognomie nicht die ganze Mannigfaltigkeit des menschlichen Gesichtes auf. Wohl werden die Ohren gespitzt, die Nüstern gebläht, aber keine Traurigkeit und keine Freude ist allein aus den Gesichtsmuskeln zu lesen.
Einzig das Auge, als Spiegel der Seele, verbirgt in seiner Tiefe die Funken des ewigen Lebens, die manchmal erschütternd schön ausbrechen. Ein altes indisches Sprichwort sagt:

> Gott schläft im Stein,
> atmet in der Pflanze,
> träumt im Tier,
> wacht auf im Menschen.

So ist auch das Pferd in seiner seelischen Gesamtheit hineingestellt in das Werden und Vergehen der Natur. Eine tiefe Beglükkung wird jedem zuteil, der mit Verständnis an seinen Gefährten, das Pferd, herangeht und dessen Adel voll zur Wirkung kommen läßt.«

Züchterische Auslese

Innerhalb der deutschen Tierzucht unterliegen auch die Pferdezuchten dem Körgesetz. Dieses Gesetz gewährleistet vor allem durch die Bestimmungen über Vatertierhaltung die Reinzucht und Qualitätssteigerung. Es besteht kein Zweifel, daß ohne dieses Gesetz zahllose untaugliche Hengste in jedermanns Hand wahllos zum Decken benutzt worden wären und einen großen Teil der altbewährten Stutenstämme zugrunde gerichtet hätten. Anstelle planvoll gezüchteter Qualität gäbe es dann eine Vielzahl unnützer »Kreaturen«. Keine Zucht ist so langwierig und kompliziert wie die Pferdezucht. Man rechne beispielsweise einmal aus, wie alt ein Zuchthengst ist, wenn seine ältesten Produkte im Sport eine Rolle zu spielen beginnen und damit erste vorsichtige Rückschlüsse auf seine Leistungs-Vererbung zulassen: Der Hengst deckt erstmalig im Alter von vier Jahren. Wenn sein erster Fohlenjahrgang geboren ist, ist er fünf Jahre alt. Und er zählt 11 bis 12 Lenze, wenn seine ersten Produkte ausgereift und zu größeren Leistungen fähig sind. Allein schon aus dieser Tatsache geht hervor, wie lange es dauert, bis man beginnen kann, über die Vor- und Nachteile seines Erbwertes Klarheit zu schaffen.

In der **Vollblutzucht** wird eine züchterische Auslese vornehmlich durch Auswertung der Rennleistung betrieben. Hierbei spielt die Beurteilung der Abstammung eine größere, die Beurteilung des Exterieurs, der äußeren Erscheinung also, eine kleinere Rolle. Ausschlaggebend für den züchterischen Wert sind letztlich der Erfolg auf der Rennbahn, die Siege und Plätze in dieser oder jener Konkurrenz, das Kämpferherz, die Gesundheit und Widerstandsfähigkeit, die Form im ganzen. Das alles führt zu einer harten, ungeschminkten Selektion, die am Rahmen des begrenzten Zuchtbedarfs nur dem Besten eine Gestütslaufbahn ermöglicht.

Die **Warmblutzuchten,** bis Anfang der fünfziger Jahre unseres Jahrhunderts vor allem auf (land-)wirtschaftlichen Typ ausgerichtet, betonen seitdem die Merkmale eines vielseitigen Reit- und Sportpferdes. Sie treffen ihre Zuchtauswahl zwar in enger Verbindung mit der Eignungs- und Leistungbeobachtung, aber auch nach Exterieurgesichtspunkten. Sie haben vom Gebäude und Gangwerk ihrer Zuchtpferde ganz bestimmte Vorstellungen und werten in diesem Sinne nach einem scharfen Maßstab. Man erhält bewußt Kaliber, Rahmen und Volumen, weil die Erfahrung

zeigt, daß bei der ständig notwendigen Veredlung diese Merkmale sehr leicht und schnell in den Hintergrund treten und bald ein Übergewicht an kleinen unbedeutenden Pferden entstehen würde.
Die Landgestüte und Zuchtverbände der einzelnen Länder haben das ganze Jahr über die Möglichkeit, ihren züchterischen Einfluß geltend zu machen und dadurch ihr Zuchtziel unter Kontrolle zu halten.
Das sind zunächst die jährlichen Hengstkörungen, bei denen immer der jüngste Jahrgang als Hengstnachwuchs lückenlos zur Vorstellung gelangen muß. Dann gibt es die jährlichen Stutbucheintragungen für den Stutennachwuchs in verschiedene Wertklassen und die vielen Stutenschauen mit ihren Prämiierungen und Kritiken.
Die Hengste absolvieren in den meisten Fällen überdies noch ein einjähriges Leistungstraining mit abschließender Prüfung, bevor sie züchterisch zur Aufstellung gelangen. Die als Hengstmütter hervortretenden Stuten müssen eine Zugleistungsprüfung ablegen.
Durch die Auswahl der als Reitpferd besonders geeigneten Zuchtprodukte zu den Reitpferdeauktionen sowie durch deren Training und Test hierfür ergeben sich weitere entscheidende Eindrücke über den Qualitätsablauf der Zucht, und nicht zuletzt zeigen die auf diesen Eliteauktionen erzielten Verkaufspreise im einzelnen den Vererbungswert der Zuchttiere. Auch die laufende Auswertung der Turniererfolge gibt wertvolle Hinweise.

Für die **Kaltblutzucht** gilt als züchterische Auslese in erster Linie die Bewertung von Typ, Gebäude, Gangwerk, Leichtfutterigkeit und Wirtschaftlichkeit. Das Vordringen des Motors hat diese einseitig als Zugpferd verwendete Rasse im Verhältnis stärker verdrängt als den vielseitigen, für alle Zwecke geeigneten Warmblüter. Unter diesem Aspekt ist der Kaltblüter seit 1950 bewußt kleinmodelliger, nerviger und leichtfutteriger gezüchtet worden. Er ist beweglicher, patenter und handlicher, die ganz großen und schweren Kolosse sind selten geworden.

Arabisches Vollblut (ox), die erste Edel-Kulturrasse überhaupt. Eine Hochzüchtung der Urrasse im Orient, in Jahrtausenden entwickelt. Unverwüstliches, genügsames Distanzpferd. Veredelungsrasse für alle warmblütigen und vollblütigen, teils auch für kaltblütige Pferderassen.

Achal-Tekkiner (Tekke), hochedles Steppenpferd von außerordentlicher Trockenheit und Markanz. Man schätzt seine Ausdauer und seinen harten Kern. Zucht und Verwendung sind im wesentlichen auf die Volksrepublik Turkestan beschränkt.

Berber, ein aus der numidischen Rasse hervorgegangenes praktisches Kriegspferd, durch arabisches Blut beeinflußt und an der Entstehung z. B. des Andalusiers und des Lipizzaners beteiligt.

Englisches Vollblut (xx), in England als Rasse begründet, aus ständig selektierenden Paarungen von Arabern und Berbern mit Landstuten entstanden (1793 General Studbook). In der ganzen Welt als die bedeutendste Renn- und Veredelungsrasse verbreitet.

Arabisches Vollblut
Tekke-Vollblut
Berber
Englisches Vollblut

Anglo-Araber

Andalusier

Anglo-Normanne

Lipizzaner

Anglo-Araber (x) entstehen aus Kreuzungen zwischen arabischem und englischem Vollblut. Eine internationale Züchtung mit einzelnen herausragenden Erfolgen, vor allem in Frankreich und Polen.

Anglo-Normanne, kontinuierlich durch Vollblut veredelte französische Landrasse in der Normandie. Früher nicht immer frei von Kaltblutanteilen, besteht heute die Zuchtbasis aus Warmblutpferden.

Andalusier sind in Spanien gezüchtete Pferde, die auf das alte iberische Blut zurückgehen. Um 800 n. Chr. wurden Berber und Araber eingekreuzt. Andalusier begründeten die Gestüte Kladrub, Lipizza und Frederiksburg.

Lipizzaner wurden seit 1589, dem Gründungsjahr des Hofgestüts Lipizza bei Triest, aus der schweren Karstrasse entwickelt, die man vornehmlich mit Andalusiern veredelte. Dressurbegabte Reitpferde; heute vor allem durch die Wiener Hofreitschule berühmt.

In der **Ponyzucht** gelten ähnliche Gesichtspunkte, wenngleich hier auch die Merkmale für den Reitgebrauch von besonderer Bedeutung sind. Die Ponyzucht ist wohl von allen Zuchten noch am weitesten von ihrem Ziel, das ihr durch die ganze Entwicklung gesetzt wird, entfernt. Sie ist in England am weitesten fortgeschritten und hat hier vielfach schon eine gewisse Vollkommenheit erreicht. Dieser züchterische Hochstand wurde durch die vielen Ponyclubs forciert, die seit Jahrzehnten bedeutende Ansprüche stellen, während in Deutschland die Ponyreiterei erst spät eine größere Verbreitung fand und in ihrem Aufbau vorwiegend mit Modellen vorliebnahm, an denen es an Reitpferd-Points mehr oder weniger fehlte.
Die Zucht der verschiedenen Ponyrassen ist fast überall durch Züchterverbände in die Hand genommen worden, so daß auch auf diesem Gebiet Planmäßigkeit und Maßstabsbildung für eine allgemeine Qualitätsverbesserung sorgen werden.

Von der Koppel bis zum Sieg

Eh' so ein kleines Pferdekind auf die Koppel kommt, muß es erst einmal geboren werden. Das klingt banal, soll aber an dieser Stelle verdeutlichen, wie lang der Weg ist von dem Augenblick, da der Züchter seine Stute zum Hengst bringt, um im nächsten Jahr ein Fohlen zu haben, bis zu dem Ereignis des ersten Sieges, den dieses Fohlen dann nach Jahren vielleicht erringt, wenn es nicht doch zu dem großen Kreis der Namenlosen unter den Pferden gehören wird.
Innerhalb der Frühjahrsmonate März bis Mai zieht der bäuerliche Züchter – in seiner Hand liegt weitgehend die Warmblutzucht – mit seinen eingetragenen Stuten zum Hengst; sagen wir zu den Hengsten des Landgestüts Celle, die auf einer der staatlichen Deckstellen für diese Zeit stationiert sind. Schon auf der letzten Hengstparade im Landgestüt hat er die Beschäler genau beobachtet und sich dabei seine Gedanken gemacht, wie er seine Stuten wohl am besten paaren könnte. Zu Hause hat er dann viele Male das Hengstbuch gewälzt und die Abstammungen studiert. Mit zwei Stuten zieht er an die Elbe zu seiner örtlichen

Station, mit der jungen Stute aber fährt er 50 km über Land zu einem Fuchshengst, von dem er sich besonders viel verspricht.

Und dann wird es Sommer, Herbst und Winter: Erst nach elf Monaten ist die Trächtigkeit zu Ende, bei Stutfohlen ziemlich auf den Tag genau, bei Hengstfohlen manchmal um zehn Tage später. Glücklich der Züchter, der ein gutes Befruchtungsergebnis hat, denn nur 60% aller gedeckten Stuten bekommen ein Fohlen.

Wenn die Zeit da ist, beginnt die Fohlenwache. Kaum ein Züchter unterläßt sie. Er baut sich eine Strohpritsche, um nachts sofort zur Stelle zu sein, wenn die Geburt einsetzt. Manchmal muß er helfen, manchmal geht alles von selbst. Immer aber muß er den Nabel abbinden und dafür sorgen, daß die Stute das Fohlen annimmt und saugen läßt. So ist jede Fohlengeburt ein Ereignis auf den Züchterhöfen, einmal darum, ob sie gut verläuft, und zum anderen, um nach langer, spannungsvoller Erwartung zu sehen, wie das Fohlen beschaffen ist nach Farbe, Geschlecht und Qualität. Es gibt viele Kenner, die gleich nach der Geburt das Gebäude des Miniaturpferdes besser beurteilen können als Wochen danach. Und es gilt die Erfahrung, daß das Fohlen in den ersten Lebenstagen den sichersten Hinweis darauf zu geben vermag, wie es als Pferd später einmal aussehen wird.

Bei gutem Wetter gehen Mutter und Kind schon bald zum ersten Mal spazieren. Zuerst wird die Stute geführt, damit sie in ihrer Freude, sich ohne Last wieder draußen tummeln zu können, nicht pausenlos und viel zu schnell herumgaloppiert und dabei das ihr ständig folgende Fohlen außer Atem jagt. Allmählich aber bekommt sie völlige Freiheit, wenn auch zunächst auf wenige sonnige Stunden befristet.

Im Juni spätestens erscheint dann der Gestütswärter zur Besichtigung. Er begutachtet das Fohlen, schreibt Farbe, Abzeichen, Geschlecht und Geburtstag auf und »brennt« auf den linken Hinterschenkel den Fohlenbrand, um wenig später dem Züchter den Fohlenschein als dokumentarischen »Personalausweis« zuzustellen.

Wenn es Herbst wird, kommt der schmerzliche Augenblick der Trennung von der Mutter. Das Fohlen wird »abgesetzt«. Allein auf sich gestellt, meistens jedoch in gleichaltriger Gesellschaft, kommt es in eine große Box und lernt Hafer zu fressen, Heu und Möhren. Häufig wird für diesen Übergang auch einige Wochen lang Magermilch verabreicht, damit das Wachstum ohne Rückschlag gefördert werden kann. Es ist nämlich erstaunlich: Das Fohlen entwickelt im ersten Lebensjahr 2/3 seiner späteren Größenmaße. Was in dieser Zeit also an Fütterung versäumt wird, ist später nicht wieder einzuholen.

Für manche Fohlen gibt es schon nach zweieinhalb Jahren den ersten öffentlichen Auftritt. Die Stutfohlen treffen sich erstmalig auf einer Stutenschau zur Prämiierung, die dafür auserlesenen Hengstfohlen gehen zur Hengstkörung. Da gibt es also für einen Teil dieser jungen Generation schon erste Erfolgsmöglichkeiten, erste stolze Freuden für den Züchter oder auch bittere Enttäuschung.

Die Masse dieses Jahrgangs aber bewegt sich weiterhin noch ausschließlich auf der Weide in diesem dritten Lebensjahr und kehrt für den Winter in den Stall zurück, ohne etwas »von der Welt« gesehen zu haben. Erst im Frühjahr, dreijährig, macht sie erste Bekanntschaft mit Zaum, Sattel oder Geschirr, um dann noch einmal für Wochen oder Monate Freiheit auf der Weide zu genießen.

Ausgesucht gute, besonders weit entwickelte Dreijährige sieht man jedoch schon auf ländlichen Turnieren, bisweilen auch auf namhaften großen Plätzen in Materialprüfungen unter dem Reiter. Diese ersten Konkurrenzen absolvieren die jungen Pferde noch wie richtige Babys. Aber sie gewöhnen sich an die Umwelt und die nervenbelastende Atmosphäre des Sports.

Das Einreiten, die weitere Grundschulung, das vielseitige Training und die besondere Erprobung erfolgen nach ganz bestimmten Erfahrungen und traditionellen Ausbildungsvorschriften. Schauplatz hierfür ist entweder der Züchterhof, die nächstgelegene Reitschule oder eine Verbandseinrichtung wie beispielsweise die verschiedenen Reitpferdauktionen.

In ein solches Auktionstraining soll hier einmal Einblick gegeben werden. Denn dort kommt eine Qualitätsauswahl an jungen Pferden zusammen, die sorgfältig trainiert, getestet und abschließend an die Aktiven des Reit- und Turniersports verkauft wird.

Dies ist zugleich der Weg, den sich jeder Züchter wünscht, denn gezüchtet wird weit überwiegend für den Verkauf. Wo sollte der Bauer auch sonst mit seiner Jahr für Jahr zahlenmäßig anwachsenden Nachzucht bleiben, wenn er sie immer behielte?

Etwa fünf Wochen vor den Reitpferdauktionen, die man im hannoverschen Zuchtgebiet Eliteschauen nennt, treffen die dafür Wochen und Monate vorher ausgesuchten Pferde am Trainingsort ein und werden vor der Aufstellung von einem erfahrenen Tierarzt auf Augen, Herz, Zähne, Gang und allgemeinen Gesundheitszustand untersucht. Erst danach erhalten die für einwandfrei Befundenen eine Box oder einen Kastenstand zugewiesen. Sie gehören zur »Kollektion« und erscheinen im Katalog, der in alle Welt verschickt wird, um die Kaufinteressenten zu orientieren.

Tag für Tag steigert sich dann das Training in der Reitbahn, im Sprunggarten, auf der Rennbahn oder im Stadtverkehr. Gleichzeitig begutachtet und bearbeitet der Schmied die Hufe, der Fotograf »schießt« Modell-, Bewegungs- und Springaufnahmen, jeder Pfleger putzt und wienert seine Schutzbefohlenen auf Hochglanz, und besondere Experten frisieren Beine, Mähnen und Schweife. Aus den »Landpomeranzen« werden kultivierte, erzogene, ausgebildete und geprüfte Sportkandidaten, bei denen sich Kondition und Glanz gleichermaßen entwickeln.

Nach den ersten vierzehn Tagen beginnt der Besuch von Kaufinteressenten. Diese beobachten die Pferde zunächst in der Arbeit, überzeugen sich von den Stallmanieren und versuchen mit den Modellen ihres Typs Kontakt aufzunehmen. Dann wird »Maß genommen«, ausprobiert. Der eine fragt in erster Linie, ob ihm das Pferd »gut steht«, der andere verläßt sich mehr auf sein Gefühl im Sattel oder auf das, was er an Leistungsanlagen erkennt. Es wird verglichen, verworfen und wieder gutgeheißen – Unsicherheitserscheinungen, die sich allmählich auszupendeln pflegen – bis zur sprichwörtlichen Liebe auf den ersten Blick.

Die Züchter kommen von Zeit zu Zeit und wundern sich bisweilen, daß ihre Zöglinge unter dem Reiter nicht den großen, erhabenen Gang zeigen wie auf der Weide. Aber unter Gewicht, mit einem Gebiß im Maul, gehen zu müssen oder aber in stolzer Erregung frei zu laufen, das ist eben zweierlei. Die stolze Haltung und der große Gang zeigen sich unter dem Reiter erst wieder nach entsprechender Gewöhnung und Schulung. Das ist mit dem Springen nicht anders. Fohlen und junge Pferde setzen auf der Koppel gern über Zäune und Gräben hinweg. Wenn man ähnliches aber später unter dem Reiter von ihnen verlangt, stehen sie oft fassungslos vor einer kleinen Stange und wissen nicht, wie sie darüber hinwegkommen sollen.

So sieht es also zunächst aus auf dem Wege zum Sieg. Geduld und Abwartenkönnen ist alles. Und so ist es nicht immer ganz einfach, einerseits die jungen Pferde so zu schulen, daß man bald ihre inneren und äußeren Werte im Hinblick auf spätere Leistungsmöglichkeit erkennen kann, andererseits aber nur so viel zu verlangen, daß die ehrliche Bereitschaft der Siegeskandidaten, zu lernen und ihr Bestes zu leisten, nicht Schaden leidet. Wenn junge Pferde »sauer« werden, gibt es nicht nur Stillstand, sondern Rückschritt, oft auf längere Zeit.

Die Entscheidung, wohin, in welche Hände jedes einzelne Pferd unmittelbar durch den Züchter oder durch die Züchterverbände auf den Auktionen verkauft wird, ist meistens von der Preisfrage abhängig. Und so kommt auch immer nur ein Teil der herausragenden jungen Leistungsspitzen in entsprechende Ställe; ein (meist größerer) Teil wird nicht im Turniersport oder zumindest nicht im großen Sport eingesetzt. Das ist bedauerlich, aber nicht zu ändern. Der »Marschallstab im Tornister« führt eben nicht immer und unbedingt an die »Front«.

In den Turnierställen beginnt das eigentliche Training des jungen Pferdes. Es dauert hier nicht Wochen, sondern Jahre. Auch vergehen Jahre bis zu einem ersten wirklich bedeutenden Erfolg. Folgerichtig in Nachwuchsprüfungen über leichte und mittelschwere Leistungsklassen in Wettbewerben herausgebracht, zeigt das Pferd erst mit der Zeit, ob seine Naturanlagen ausreichen, um auch harte Proben zu bestehen.

Da ist zunächst einmal die Nervenfrage, die oft erst bei wirklich schweren und häufig gestellten Anforderungen endgültig beantwortet werden kann. Nicht selten wird dann offenbar, ob das Nervenkostüm haltbar genug ist oder nicht. Auch das reine

Springvermögen allein ist nur ein Teil des notwendigen Talents für große Aufgaben. Reaktionsvermögen, Konzentrationsfähigkeit, Sauberkeit im Hinblick auf das Nichtberühren der oberen und vorderen lose liegenden Hindernisbegrenzungsteile und ein nie versagender Schneid – das sind nur einige Voraussetzungen für den Erfolg. Oft behindert allein die angeborene oder erworbene Scheu vor einem Wassergraben für lange Zeit oder für immer eine sonst aussichtsreiche Karriere.

Bei den Dressurpferden spielen naturgemäß die Nerven eine große Rolle. Es gibt erstklassige Dressurpferde, die sich immer wieder ganz plötzlich ablenken lassen und dann alles über den Haufen werfen, was in mühevoller Arbeit für eine entscheidende Prüfung aufgebaut wurde. Auch ist es keine Seltenheit, daß ein Dressurpferd nach vielen Erfolgen in der höchsten Stufe der Hohen Schule, etwa in der Piaffe, unüberwindbare Schwierigkeiten offenbart, die eine jahrelange Arbeit kurz vor dem eigentlichen Höhepunkt beenden. Es fehlt dann die olympische Qualifikation, und der Reiter hat so außer einer großen Chance mehrere Jahre verpaßt.

In der Militaryreiterei, der schwersten Sparte der Vielseitigkeitsprüfungen, versagen oft die besten Pferde plötzlich aufgrund irgendwelcher Beinschäden und fallen dann für viele Monate oder für immer für diesen harten Sport aus.

»Die Trauben hängen also hoch« – das mag aus diesen wenigen Andeutungen deutlich geworden sein. Sie hängen um so höher, als ja auch die Möglichkeit besteht, daß einmal hervorragende Reiter außer Gefecht sein können, die ja die erstklassigen Leistungspferde trainieren und zu den großen Erfolgen führen. Dann treten ebenfalls Unterbrechungen oder – durch Reiterwechsel – Rückschläge ein.

Von der Koppel bis zum Sieg ... Ein weites Feld, ein langer, oft dorniger Weg. Nach außen hin viel Glanz, roter Rock, Zylinder, Reitfrack, in Wirklichkeit viel Schweiß und auch Tränen. Bei alledem aber auch viel Freude, oft großes Glück, kaum versagende Passion. Das alles sollte sich der Beschauer einmal vor Augen halten, wenn er sich an einem großartigen Siege begeistert – oder enttäuscht der Niederlage eines Favoriten gegenübersteht.

Pferdesport

Jeder kann reiten lernen

Diese Auffassung ist keineswegs alt. Sie konnte in dieser Uneingeschränktheit erst entstehen, als nach dem Zweiten Weltkrieg das Interesse am Pferd nahezu proportional zum Rückgang des Pferdebestandes wuchs. Der Turniersport, auch durch Presse, Rundfunk und Fernsehen in weitaus breitere Bevölkerungskreise getragen als zuvor, hat hierzu wesentlich beigetragen. Ebenso gewann der Rennsport viele neue Anhänger.

Die ländlichen Reit- und Fahrvereine erhielten in den Städten von Jahr zu Jahr mehr Schwestervereine, die sich zusehends vergrößerten, die Studentenreiterei belebte sich, und über zahllose Voltigiergruppen der Kinder nahm auch die Jugendreiterei überall zu. Reithallen wurden auf dem Lande und in der Stadt in großer Zahl gebaut, von weiteren Neubauten wird noch heute immer wieder berichtet.

Ein Privileg für das Reiten, das lange Zeit nur bestimmten Bevölkerungsschichten vorbehalten schien, gibt es nicht mehr. Es ist in der Tat so: Jeder kann reiten lernen! Jeder wird innerhalb dieser vielseitigen Sportart willkommen geheißen, und jeder ist auch in der Lage, die Kosten dafür aufzubringen, sich von Zeit zu Zeit ein Pferd zu leihen und Unterricht zu nehmen.

Man wandert zu Pferde, wozu die Erlernung der Grundbegriffe eines ausreichenden Sitzes, einer hinreichenden Einwirkung auf das Pferd genügt, um Freude an diesem Sport zu haben ohne Rücksicht auf das Alter. Es ist ein beschauliches Tun in schöner Landschaft mit gemäßigter körperlicher Beanspruchung, abwechslungsreicher gemütlicher Unterkunft und – je nach Wunsch –

Dressursattel

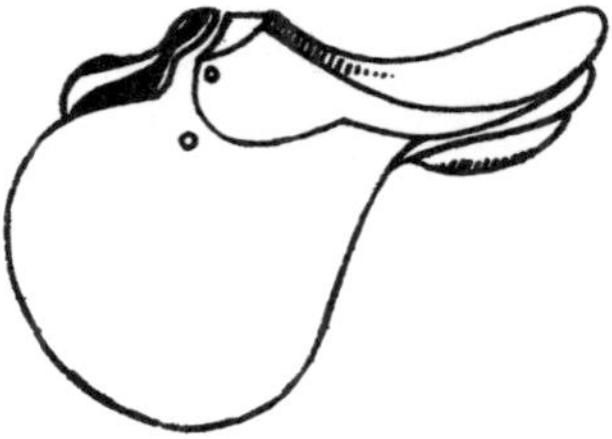

Springsattel

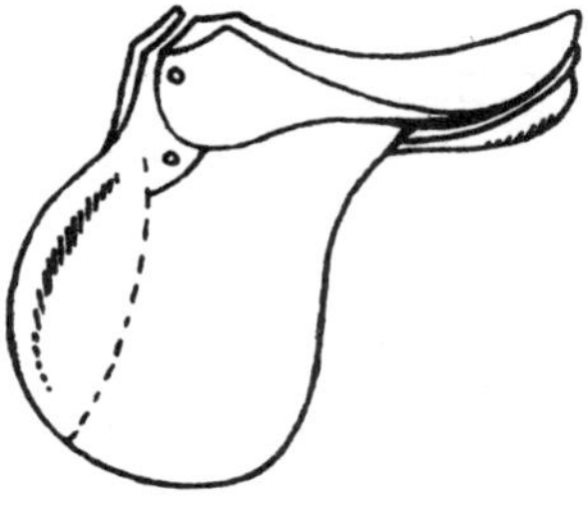

Vielseitigkeitssattel

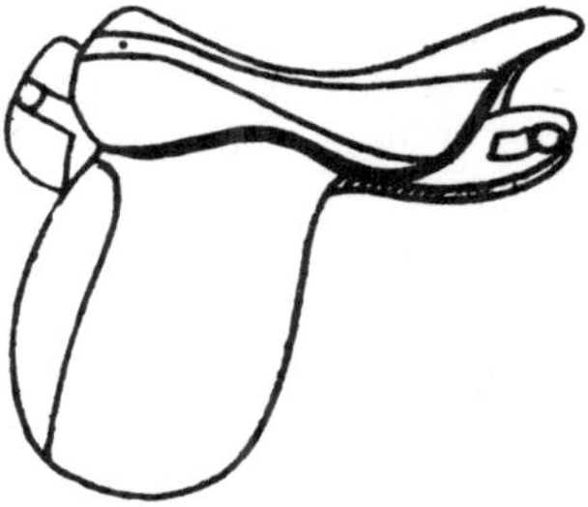

Armeesattel

deftiger Verpflegung. Sehr befriedigend ist dabei, seinen vierbeinigen Wandergefährten selbst zu betreuen und zu versorgen, eine Betätigung, die dazu beiträgt, gänzlich »abzuschalten« in praktischen Verrichtungen, die zu einem natürlichen Leben gehören und die so mancher in roboterähnlicher Berufstätigkeit verlernt hat. Oder man reitet in einem Verein oder Tattersall, sagen wir zwei- bis dreimal in der Woche, teils unter der Order eines Lehrers, teils zwanglos nach Musik, in Bekanntengruppen, Altersgruppen oder in individueller Schulung. Dies hat den Sinn, daß in solider Grundfertigkeit die Teilnahme an Quadrillen, Ausritten und vielleicht auch leichteren Jagden möglich ist, während der reiterliche Alltag zur Erhaltung von Frische, Spannkraft und innerlicher Losgelassenheit beiträgt. Dazu kommen gesellschaft-

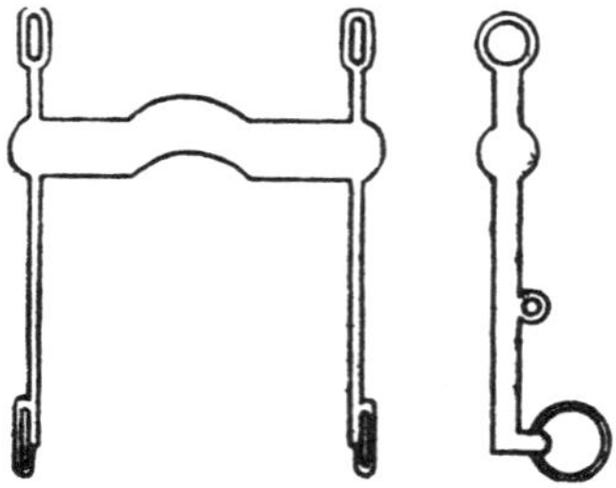

Kandare mit geraden Bäumen

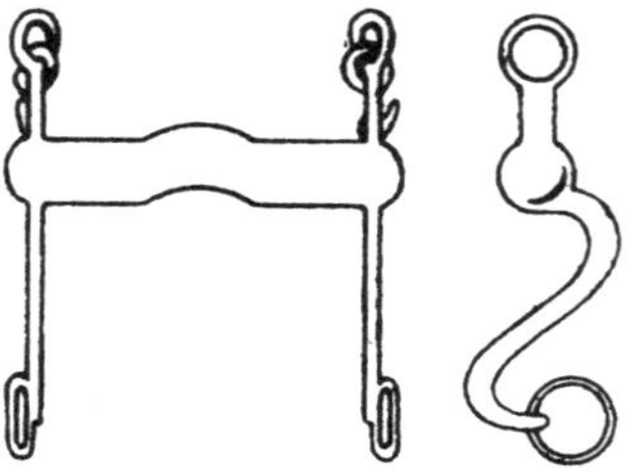

S-Kandare

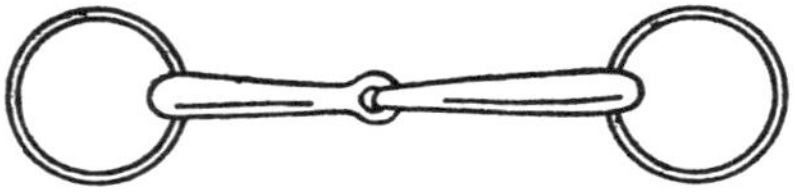

Unterlegtrense für Kandarengebiß

Kinnketten

liche Annehmlichkeiten, auch wenn sie sich nur auf gelegentliche oder auch regelmäßige Begegnungen mit Gleichgesinnten beziehen, die in der Reitbahn, im Gelände oder Kasino erfolgen.
Der kleine Turniersport mit seinen überwiegend in der Kategorie B durchgeführten Wettbewerben stellt schon höhere Anforderungen an das Können und das notwendige Training. Aber auch hier sind niemandem Grenzen gesetzt, zumal sich jeder ganz auf bestimmte Prüfungsarten einstellen kann, wie z. B. auf die Dressur, das Springen, die Vorstellung junger Pferde in Material- und Eignungsprüfungen, auf Geländeritte oder Vielseitigkeitsprüfungen, wobei jede Disziplin wieder ihre verschiedenen Leistungsklassen hat. Es ist also Auswahl genug vorhanden.

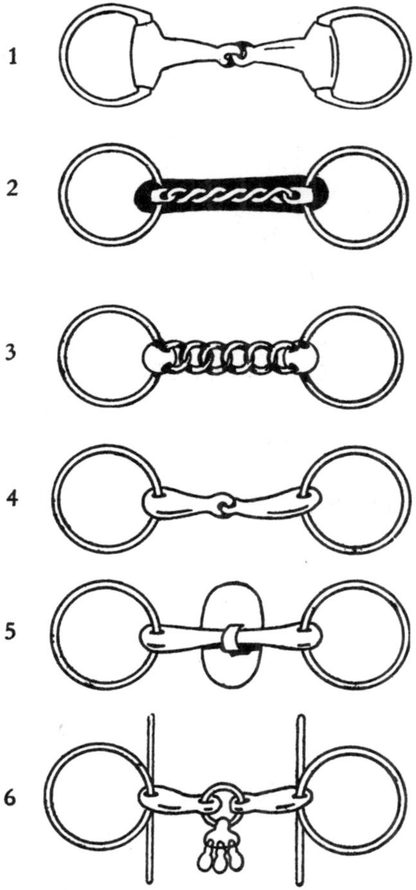

1 Olivengebiß 2 Gummigebiß mit Kettenverschärfung 3 Kettengebiß bei Maul-Unempfindlichkeit 4 einfache Wassertrense 5 Gebiß gegen Zungenstrecken 6 Spezialgebiß zur Anregung der Maultätigkeit.

Naturgemäß stellt der Große Sport so hohe Anforderungen, daß sich hier der Kreis der Aktiven weiterhin verkleinert. Wer zu dieser Sparte gehören möchte, braucht viel Talent, hervorragende Leistungspferde, ein ständiges intensives Training und letztlich ein großes Können, um »dabei« zu sein.

Über den Zeitpunkt, wann man am besten damit beginnt, reiten zu lernen, ist zu sagen, daß man unterscheiden muß, ob man sportliche Ambitionen hat oder mehr das Ziel des Wanderns zu Pferde. Für sportliche Gesichtspunkte ist es natürlich gut, möglichst früh, schon als Kind oder in der Jugend, in den Sattel zu steigen, ansonsten spielt das Alter keine ausschlaggebende Rolle.

Denkt man an Reiten, so denkt man auch an den passenden Anzug. Es muß nicht immer ein schwarzer oder roter Rock mit einer weißen Hose sein, wie diese bei Turnierprüfungen oder im Jagdfeld verlangt werden. Normalerweise genügt eine gut passende Reithose, gefällig und von dezenter Eleganz im Schnitt und von bequemem Sitz im Sattel. Dazu ein Paar Stiefel zu Reitbreeches oder Stiefeletten zu Yodphur, langen Hosen, die das ganze Bein bedecken. Als Oberkleidung kommt ein sportlicher Pullover oder eine Reitjacke in Frage. Flatternde Oberhemden und fliegende Krawatten wirken hier unschön.

Sporen gehören zum Reitanzug. Anfänger, die im Sitz noch nicht genügend gefestigt sind, erhalten zunächst keine Sporen, damit sie das Pferd nicht stören. Auch gibt es Fälle, in denen sehr sensible Pferde im Springparcours ohne Sporen geritten werden. Mit Sporen in der Stadt herumzustolzieren wirkt lächerlich, weil es den Anschein erweckt, daß der Träger mehr Angeber als Reiter ist. In schweren Dressurprüfungen wird ein dunkelblauer Reitfrack getragen, dazu ein Zylinder. In Springprüfungen wird ein schwarzer oder roter Rock gefordert sowie eine Reitkappe mit Stahleinlage, in jedem Fall eine weiße Hose. In der Jagdreiterei findet man Reitröcke in allen Farben, mit verschiedenen Aufschlägen und Knöpfen, die vielfach auf die verschiedenen Clubs und Meuten hinweisen.

Pferde-Leistungsschauen

Dieser etwas langatmige und zungenbrechende Begriff entstand gleich nach dem Kriege, als sich der Reitsport wider Erwarten schnell von neuem belebte. Die Ausgangsidee und der tiefere Sinn dieser ersten Jahre war die leistungsmäßige Erprobung des Zuchtmaterials und seiner Produkte zum Zweck der Verbesserung der Zucht und ihrer Neuorientierung für die sich wandelnden Bedürfnisse. Viele der ländlichen Turnierveranstaltungen haben diesen Namen noch heute beibehalten.

Eine zentrale Behörde dirigiert die Entwicklung und sorgt für Ordnung und Regeln. Die meisten kleineren, oft ländlichen Turniere gehören zur Kategorie B/C, das heißt, sie schreiben nur Leistungsprüfungen mit Gesamt-Geldpreisen von 300,– bis 700,– DM in Kategorie B oder für Wettbewerbe der Kategorie C bis zu 200,– DM aus. Ab 600,– DM Geldpreissumme je Konkurrenz beginnt die Kategorie A.

1976 wurden in der Bundesrepublik Deutschland durchgeführt:

	Veranstaltungen	Prüfungen	Starter
Kategorie A	106	1 266	34 617
Kategorie B	178	8 739	204 537
Kategorie B/C	1 041		
Kategorie C	794	13 089	323 856
	2 119	23 094	563 010

Auf den Plätzen der Kategorie B/C findet man selten stationäre Tribünen oder andere Bequemlichkeiten des Großen Sports.

Korrekter Reitanzug (roter oder schwarzer Rock, weiße Hose, Reitkappe, Melone oder Zylinder) und gepflegte Aufmachung der Pferde spielen auch in der Kategorie B eine Rolle. In der Kategorie C wird weitgehend eine lockere Freizeitaufmachung gestattet.

Der »Grosse Sport«

Hiermit ist der Hochleistungssport gemeint, der auf größeren Turnieren in Wettbewerben der Kategorie A ausgetragen wird.

Er umfaßt im allgemeinen die Prüfungen der schweren Klasse und gipfelt in Großen Dressurpreisen, Großen Springpreisen, nationalen, europäischen oder Weltmeisterschaften, in Preisen »der Nationen« und schließlich und endlich in den Olympischen Spielen.
Zum Großen Sport gehören aber auch Nachwuchsprüfungen, die auf Grund einschneidender Handicaps nur das Beste vom Guten vereinen. Es gibt Championate der Reitpferde, Siegerpreise oder Sonderpreise verschiedener Art.
Die Konkurrenz bei diesen Turnieren ist zahlenmäßig erstaunlich groß und im allgemeinen so stark, daß ein Start nur dann Aussicht auf Erfolg verspricht, wenn bei Pferd und Reiter überdurchschnittliche Anlagen, herausragendes Können und lückenloses, fleißiges Training harmonisch zusammenkommen.
Wenn man die Starterzahlen mit anderen Sportarten vergleicht, so fällt auf, wieviel Leistung zum Sieg gehört. Es ist keine Seltenheit, daß in einem schweren Springen etwa 80 Pferde starten, in einer schweren Dressur 30 Pferde. Um ein Championat der Reitpferde bewerben sich oft 100 Teilnehmer in den vorhergehenden und ausscheidenden Material- und Eignungsprüfungen.
Reiter und Reiterinnen müssen fast immer zusammen konkurrieren. Das ist ein schwerer Stand für die Amazonen.
Wie es im einzelnen im Pferdesport aussieht und was sich da tut, zeigen die nachfolgenden Erläuterungen und Regeln, Fotoreportagen, Entwicklungsgeschichten und Turnierberichte.

Material- und Eignungsprüfungen

Unter den vielen Turnierprüfungen ist die Materialprüfung für Reitpferde eine der Grundstufen. Hier konkurrieren Pferde im Alter von 3 bis 5 Jahren, die aus anerkannten deutschen Zuchten stammen. Die Anforderungen kennen keine reiterlichen oder leistungsmäßigen Bedingungen, nur das junge Pferd wird bewertet in seinem Gebäude, seinem Gangwerk (Korrektheit und Schwung), seinem Temperament und seinem Gesamteindruck als Reitpferd. Bei den vielfach hohen Starterzahlen wird unterteilt in leicht- und schwerkalibrige Pferde. Auf großen Turnieren kommen sogenannte Reitpferde-Championate zur Durchführung, in denen das beste Pferd unter den Siegern der einzelnen Abteilungen ermittelt wird. Selbstverständlich gibt es auch Unterteilungen nach dem Alter, denn es ist ja so gut wie ausgeschlossen, daß beispielsweise ein dreijähriges Pferd innerhalb von Vier- und Fünfjährigen richtig beurteilt werden kann. Es ist in seiner Entwicklung und seiner reiterlichen Förderung immer gegenüber seinen älteren Konkurrenten wesentlich zurück.

Als Voraussetzung für die Teilnahme an einer Materialprüfung kann eine Mindestleistung verlangt werden. Diese besteht im allgemeinen aus dem Zurücklegen einer Strecke von 300 Metern im Schritt (3 Minuten), 1000 Metern im Trab (4 Minuten) und 2000 Metern im Galopp (4 Minuten).

Die nächste Stufe für die Prüfung junger Pferde ist die Eignungsprüfung für Reitpferde in den Klassen A, L und M. Hier hat man es bereits mit einer kleinen Vielseitigkeitsprüfung zu tun. Denn neben dem Material werden nun schon Leistungen gefordert, die sich in den einzelnen Klassen steigern. Hierzu gehört ein Rittigkeitstest in einer bestimmten Aufgabe, die kommandiert wird, und die Überwindung einer Zahl verschiedener Hindernisse, wobei die Springanlagen des Pferdes geprüft werden. Auch die Temperamentserprobung spielt eine Rolle, und hierzu werden häufig knatternde Motorräder, die zwischen den Pferden hindurchfahren, verschiedene Geräuschkulissen oder flatternde Tücher verwandt. Letztlich entscheidend bei alledem ist die Verwendungsmöglichkeit für den sofortigen Gebrauch. Es nützen also beste Qualität und überdurchschnittliche Veranlagungen nichts, wenn in der Dressurprobe gravierende Fehler oder beim Springen Ungehorsam gezeigt wird. Ausgeschlossen aus Material- und Eignungsprüfungen sind diejenigen Pferde, die bereits in den Leistungsklassen M oder S erfolgreich waren oder die mehr als eine bestimmte Zahl an Material- oder Eignungsprüfungen gewonnen haben. Durch diese Maßnahme soll immer wieder dem heranwachsenden Pferdenachwuchs erneut eine Chance gegeben werden.

Im Turniersport nehmen die verschiedenartigen Springprüfungen einen breiten Raum ein. Man unterscheidet hier zunächst zwischen

Deutsche Brandzeichen

Hannoveraner

Trakehner

Traber, eine Spezialzüchtung für Trabrennen im Sulky. Erstmalig in Amerika aus schnellen Wagenpferden und englischem, orientalischem, Norfolk-Trotter- und Morgansblut gekreuzt. International weit verbreitet und nachgezüchtet.

Orlow-Traber sind russischen Ursprungs; durch Graf Orlow in Chrenowoje um 1775 planmäßig aus orientalischem, dänischem und holländischem Blut gekreuzt.

Hannoveraner werden gezielt seit der Gründung des Landgestüts Celle im Jahre 1735 im ost- und mittelniedersächsischen Raum gezüchtet. Vielseitige, weltbekannte Reit- und Leistungsrasse. 15 000 eingetragene Stuten. Viele Nachzuchtgebiete in Europa und Übersee.

Ostpreuße: Diese heute vor allem in Westdeutschland lebende edelste Warmblutrasse war von 1732, dem Gründungsjahr des Hauptgestüts Trakehnen, bis 1945 im Lande Ostpreußen zu Hause. Sie stellte im Heer das größte Kontingent an Remonten.

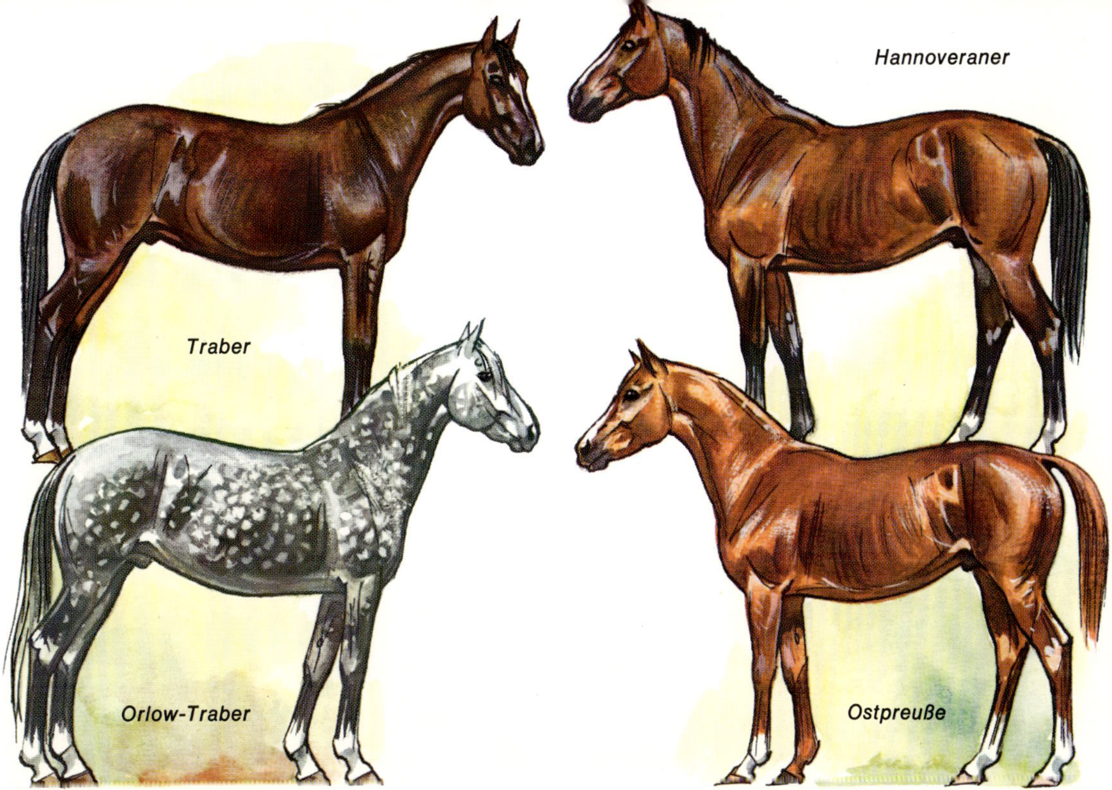
Traber
Hannoveraner
Orlow-Traber
Ostpreuße

Holsteiner
Mecklenburger
Oldenburger
Württemberger

Deutsche Brandzeichen

Holsteiner

Oldenburger

Mecklenburger

Württemberger

Holsteiner wachsen im »Land zwischen den Meeren« auf. Ursprünglich Wagenpferde im Karossiertyp; später hochgeschätzte Springpferde. Heute vielseitig, vollblutveredelt und turniererfolgreich auch in der Spitze.

Oldenburger, ursprünglich schwerster Warmblüter; Wagen- und Arbeitspferd im Karossiertyp. Auch in Hessen und Bayern zur Zucht benutzt. Seit 1960 durch Vollblut, Trakehner und Hannoveraner zum Reit- und Sportpferd modernisiert.

Mecklenburger, erste durch englisches Vollblut veredelte Landrasse in Deutschland mit starker Einflußnahme auf die hannoversche Zucht. Nach übermäßiger Veredelung und mißglückter Kaltblutverstärkung Wiederentwicklung durch hannoversche Importe. Landgestüt Redefin, DDR.

Württemberger, Wirtschaftsrasse, wuchtig und leichtfutterig ohne besondere Gänge. Seit 1960 planmäßig veredelt durch Hengste der Trakehner Rasse; kommt seitdem einer Reitzucht erheblich näher.

den Klassen A (Anfänger), L (leicht), M (mittelschwer) und S (schwer). In der S-Klasse wird zwischen Sa und Sb unterschieden. Die Sa-Prüfung führt über einen langen Parcours mit etwa 16 bis 20 Sprüngen, wobei doppelte und dreifache Kombinationen das Kriterium bilden. Die Hindernisse sind bis 1,60 m hoch und in einer knapp bemessenen Mindestzeit zu überwinden. Die Sb-Springen haben im ersten Umlauf nur 8 Hindernisse bis 1,70 m. Diese – auch als Mächtigkeitsspringen bezeichnete – Prüfung wird im Stechen bis zur Entscheidung geführt, wobei zum Schluß nur ein Steil- und ein Hoch-Weit-Sprung übrigbleiben. Die Abmessungen sind dann nicht selten 2 m und höher.

In der Jagdeignungsprüfung gibt es nur die Klasse L (5- bis 8jährige Pferde) und für Jagdpferdeprüfungen die Klasse L (5jährige und ältere Pferde) sowie die Klassen M und S für 6-jährige und ältere Pferde. Zu diesen Prüfungen gehören lange Galoppierwege über feste Hindernisse, vorher auch eine Rittigkeitsaufgabe auf einem großen Viereck. Die Frage der Rittigkeit ist auch hier der Grundstock, und so werden auch die korrekten Grundgangarten Schritt, Trab und Galopp gefordert. Der Abschluß der Jagdeignungsprüfung ist nach der Einzelprüfung der Gruppengalopp. Wie in einem Jagdfeld, und streng nach Order geritten, müssen die Pferde über Sprünge gehen. Die Richter bestimmen den Maßstab, das Tempo und die Strecke. Das Verhalten der teilnehmenden Pferde im galoppierenden Feld wird genau kontrolliert, so daß z. B. unsauberes Springen, ein nicht gerades Anreiten oder schräges Springen, Verweigern des Sprunges, starkes Auf-die-Hand-Legen, wobei sich das Pferd, gewaltsam nach vorn gehend, der Zügelhand entzieht, bei der Bewertung als Minuspunkte gelten.

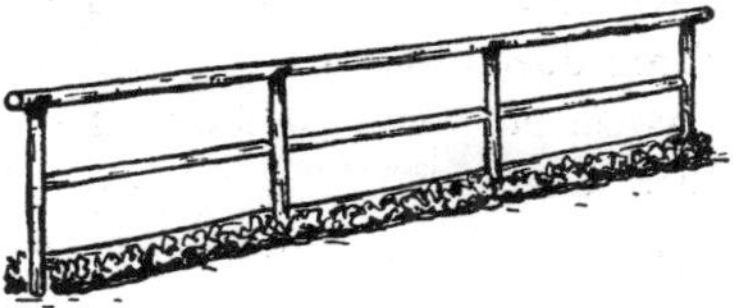

Koppelrick

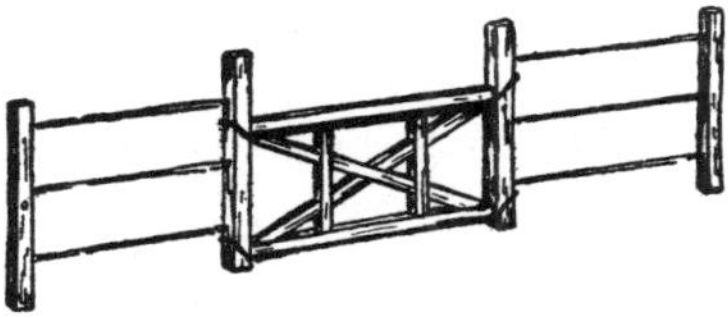

Tor im Drahtzaun

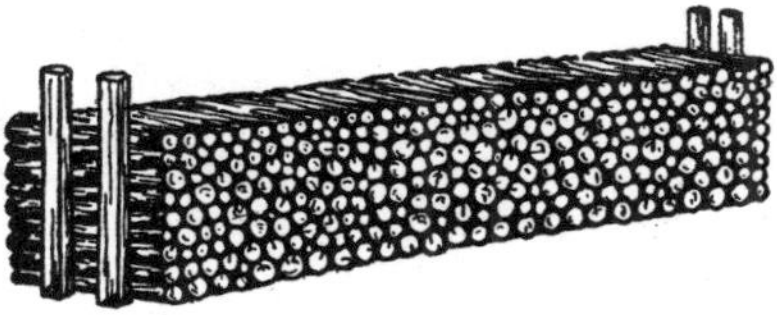

Holzstapel

Oxer

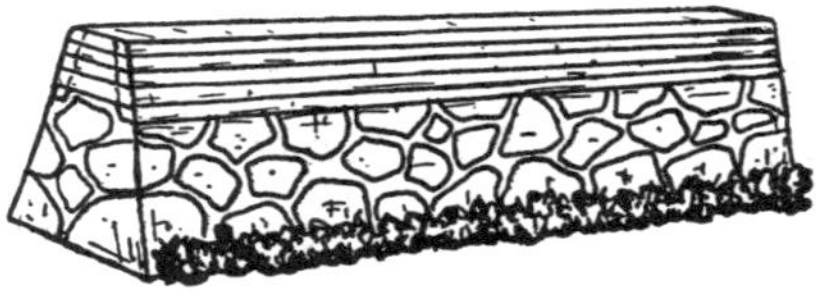

Feldsteinmauer

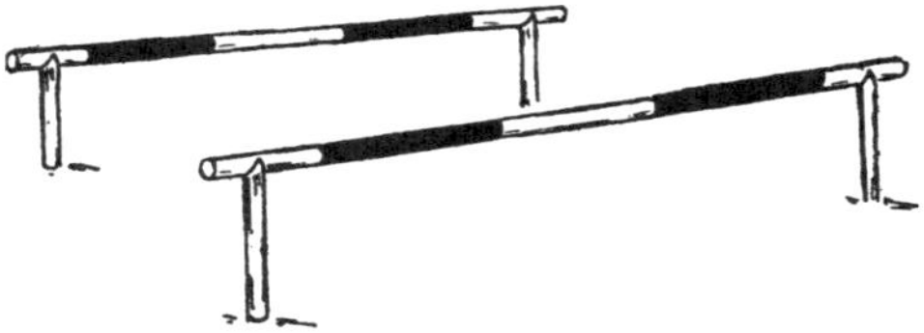

Eisenbahnschranke als Doppelsprung

Trakehner Wall

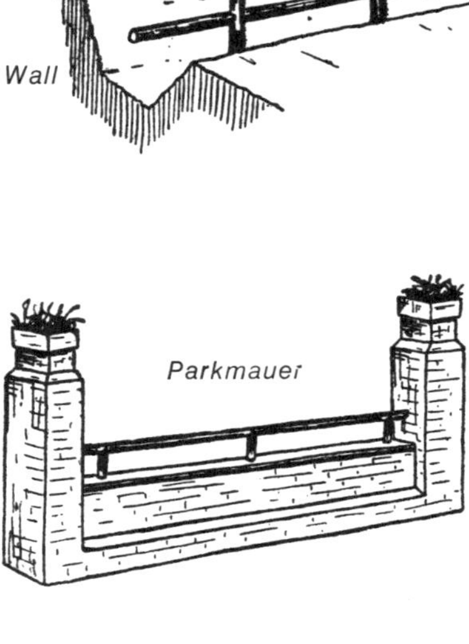

Parkmauer

Graben

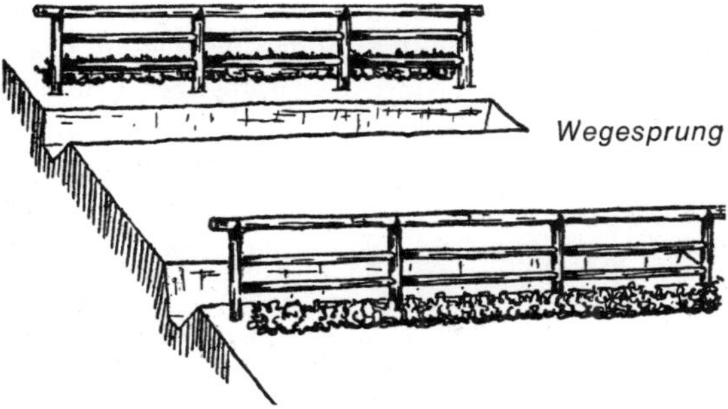

Wegesprung

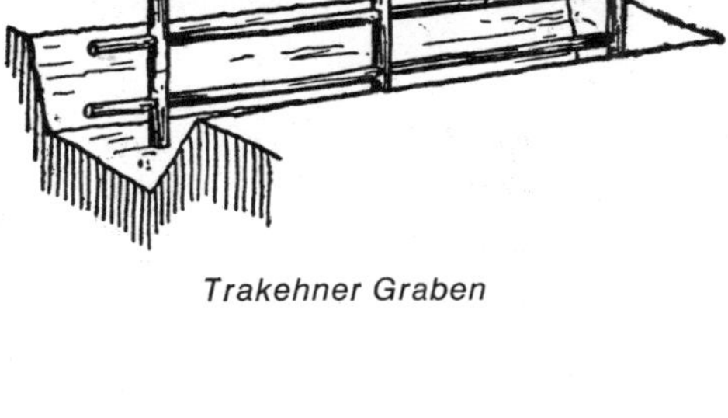

Trakehner Graben

Die nationalen Bestimmungen (LPO) sind schon seit geraumer Zeit den Vorschriften der internationalen reiterlichen Vereinigung (FEI) angepaßt. Hieraus sollen einzelne Auszüge wiedergegeben werden:

> In den Springprüfungen der Klassen A, L und L/M ist die Trense mit Reithalfter vorgeschrieben. In den höheren Klassen ist die Zäumung freigestellt. Als Hilfszügel ist nur das gleitende Ringmartingal erlaubt. Alle übrigen Hilfszügel auch in den höheren Klassen sind abgeschafft worden.
> Ein ausgeklügeltes Handicapsystem regelt die verschiedenen Startmöglichkeiten. So ist beispielsweise das Mindestalter für jede Springprüfung der Klasse A fünf Jahre, für L und M und für S sechs Jahre. Bestimmte Erfolge in den Klassen M und S verbieten den Start in den niederen Prüfungen. Den Turnierveranstaltern ist es freigestellt, den Start in den verschiedenen Prüfungen von bestimmten Erfolgen abhängig zu machen. Grundsatz ist, daß ein Pferd auf einem Turnier entweder nur in A und L, in L und M oder in M und S startet.

Die Einteilung der Springprüfungen ist neu geordnet. Man unterscheidet:

- Standardprüfungen mit den Richtverfahren A und C. Hier wird entweder nach Fehlern und Zeit oder nur nach Zeit gewertet, wobei die Springfehler sich in Strafsekunden verwandeln, oder es wird nach Fehlern und Zeit mit einmaligem oder mehrmaligem Stechen gewertet.
- Spezialspringprüfungen (Mächtigkeitsspringen oder Barrierenspringen)
- Mannschaftsspringprüfungen (beispielsweise »Preis der Nationen«)

Für die Aufgliederung der Spezialspringen liegen genaue Durchführungsbestimmungen fest:

Stilspringprüfungen dürfen nur in den Klassen E und A durchgeführt werden.

Stafettenspringen werden in den Klassen A bis S als
Stafettenspringprüfung,
Relaisspringprüfung oder
Stafetten-Glücksspringprüfung durchgeführt.

Glücksspringprüfungen sind in den Klassen L bis S zulässig. Hierbei gibt es verschiedene Richtverfahren. Entweder: Der Parcours endet, sobald ein Springfehler gemacht wurde, über dem nächstfolgenden Sprung (Zeitmessung). Oder: Es werden die innerhalb einer festgelegten Zeit fehlerfrei überwundenen Hindernisse gewertet.

Punktespringprüfungen können in den Klassen L bis S durchgeführt werden. Jedes Hindernis hat nach seinem Schwierigkeitsgrad eine bestimmte Punktzahl. Den Reitern ist bei der Überwindung die Reihenfolge freigestellt. Außerdem braucht er nur einen Teil aller Hindernisse zu springen. Die punkthöchsten Hindernisse sind naturgemäß besonders schwer, und jeder Fehler daran bringt eine erhebliche Einbuße in der Wertung. Wahlspringprüfungen lassen jedem Reiter freien Spielraum, in welcher Reihenfolge er die einzelnen Hindernisse des Parcours überwindet, jedoch erfolgt die Wertung hier, wie in Standardprüfungen üblich, nach Fehlern und Zeit.

In **Zwei-Pferde-Springprüfungen,** die in allen Klassen durchgeführt werden können, reitet jeder Reiter sein erstes Pferd über einen Teilparcours, sitzt dann an einer markierten Stelle auf sein zweites Pferd um und springt mit diesem einen weiteren Parcours. Hierbei werden die Fehler beider Pferde bewertet, die Zeit vom Start des ersten Pferdes bis zum Zieldurchgang des zweiten.

Zweikampfspringprüfungen wurden bisher nur vereinzelt durchgeführt und sind in letzter Zeit gänzlich aus der Mode

Veranstaltungsort: ______________________ Tag: __________

Nr. d. Prfg. ___________ **Eignungsprüfung für Reitpferde**

10 = ausgezeichnet
9 = sehr gut
8 = gut
7 = ziemlich gut
6 = befriedigend
5 = genügend

4 = mangelhaft
3 = ziemlich schlecht
2 = schlecht
1 = sehr schlecht
0 = nicht ausgeführt

Abzüge im Springen:
1. Ungehorsam . . . . 0,5 } 2,0
2. Ungehorsam zusätzlich 1,5 }
3. Ungehorsam . . Ausschluß

Programm-Nr.	Material: Trab	Material: Galopp	Material: Schritt	Material: Gebäude	Sa. für Material	Die Hälfte ob. Summe f. Mat.	Gerittensein und Temperament	Springen	Summe der Teilnoten	geteilt durch 4 = Wertnote*)	Placierung

*) LPO Seite 131

Unterschriften: ______________________________________

§ 303
Richterkarte: Materialprüfungen für Reitpferde

Veranstaltungsort: ______________________ Tag: ________________ Nr. d. Prfg.

Wertnoten: 10 = ausgezeichnet, 9 = sehr gut, 8 = gut, 7 = ziemlich gut, 6 = befriedigend, 5 = genügend, 4 = mangelhaft, 3 = ziemlich schlecht, 2 = schlecht, 1 = sehr schlecht, 0 = nicht ausgeführt.

Programm-Nr.											
Trab											
Galopp											
Schritt											
Gebäude											
Gesamteindruck einschl. Temperament											
Summe der Teilnoten											
geteilt durch 5 = Wertnote											
Placierung											

Unterschriften: ______________________________

gekommen. Bei dieser Prüfung überwinden zwei Reiter gleichzeitig zwei nebeneinander aufgebaute und sich in allen Einzelheiten gleichende Springbahnen. Die Sieger starten dann im Knockout-Verfahren so lange gegeneinander, bis der Schlußsieger feststeht.

Für den Zuschauer auf dem Turnierplatz oder am Fernsehschirm sind noch bestimmte Fehlerbewertungen von Interesse:

Jeder Springfehler wird mit 4 Fehlerpunkten berechnet. Unter einem Fehler ist zu verstehen das Abwerfen einer vorderen oder oberen Hindernisbegrenzung. Fällt aber beispielsweise eine untere Stange, die senkrecht unter einer oberen Begrenzung liegt, so ist dies kein Fehler. Wenn ein ganzes Hindernis vollkommen umgeworfen wird, so zählt auch dies nur vier Fehlerpunkte. Bei alledem ist es gleichgültig, ob die Hindernisteile gleich nach der Berührung oder erst dann fallen, wenn das Pferd bereits einige Galoppsprünge entfernt ist. Wird beispielsweise eine Stange hochgeworfen, fällt aber genau wieder in die Auflage zurück, so ist dies kein Fehler. Kommt jedoch eine vordere oder obere Hindernisbegrenzung aus der Auflage heraus und nicht wieder voll hinein, so ist dies auch dann ein Fehler, wenn kein Hindernisteil fällt. Wenn ein Hindernisteil nicht mehr senkrecht stehenbleibt, sondern in die Schräglage gerät, wird nur dann kein Fehler angerechnet, wenn diese Schräglage als freitragend zu bezeichnen ist. Wenn aber das Hindernis umkippt, sobald ein stützender Gegenstand zwecks Kontrolle entfernt wurde, wird auf Fehler erkannt.

Ungehorsam eines Pferdes innerhalb der Springbahn wird ebenfalls mit Fehlerpunkten bedacht. Eine einmalige Absprungverweigerung bei einem Hindernis kostet drei Fehlerpunkte, beim zweiten Verweigern kommen sechs weitere Fehlerpunkte hinzu. Ein drittes Verweigern bedeutet Ausschluß.

Das Fallen (Stürzen) von Reiter und Pferd kostet acht Fehlerpunkte. Fällt nur das Pferd, ohne daß der Reiter den Sattel verläßt, bleibt dies straffrei. Fällt der Reiter allein, so werden acht Fehlerpunkte notiert.

Wer nach Aufruf zum Start innerhalb von einer Minute nicht

am Start erscheint, wird disqualifiziert. Nach einem Zwischenfall (Sturz mit Entlaufen des Pferdes, Sattel- oder Zäumungsschaden) verfällt der Teilnehmer der Glocke und damit dem Ausschluß, wenn er nicht innerhalb einer Minute den Parcours fortsetzt.

Fremde Hilfeleistung, wie beispielsweise irgendwelche Zurufe beim Verreiten oder irgendwelche Hilfeleistungen von Dritten, das Pferd anzutreiben, führt zum Ausschluß. Als fremde Hilfeleistung gilt jedoch nicht das Wiedereinfangen eines Pferdes oder das In-den-Sattel-Helfen durch Dritte.

Als ausgefallene Fehlerquellen seien abschließend erwähnt das Umwerfen eines Hindernisteiles oder einer seitlichen Begrenzungsflagge mit dem Fuß des Reiters: Vier Fehlerpunkte!

Gemäß den Prüfungsbestimmungen der LPO sind bei den Eignungsprüfungen für Reitpferde im Springen von der Wertnote folgende Minuspunkte abzuziehen:

für das erste Stehenbleiben 1 Punkt
für das zweite Stehenbleiben zusätzlich 2 Punkte
also insgesamt Punkte
das dritte Stehenbleiben führt zum Ausschluß.

Bei der Eignungsprüfung für Springpferde sind von der Wertnote folgende Punkte abzuziehen:

für das erste Stehenbleiben 1 Punkt
für das zweite Stehenbleiben zusätzlich 2 Punkte
also zusammen 3 Punkte.
Das dritte Stehenbleiben führt zum Ausschluß.

In den Jagdpferdeprüfungen wird der Ungehorsam wie folgt bewertet:

für den ersten Ungehorsam je 1 Punkt
für den zweiten Ungehorsam zusätzlich 2 Punkte.

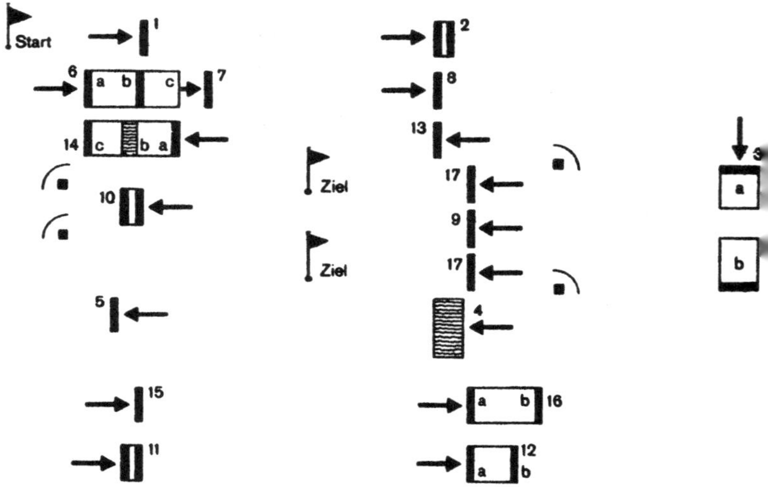

Skizze vom Parcours des weltberühmten Spring-Derbys in Hamburg-Kl. Flottbek:

Es handelt sich zwar nicht um einen der in vielen Variationen gebauten Normalparcours der schweren Klasse, sondern um eine Springbahn, wie es sie in der ganzen Welt kein zweites Mal gibt. Es fehlen die Diagonallinien und auch scharfe Wenden. Deshalb sieht alles auf den ersten Blick auch sehr einfach aus.

Die lange Distanz (1750 m), die endlos langen Linien und die übergroße Zahl von Sprüngen (24 bei 17 Hindernissen) machen den Derby-Parcours zu einer der schwersten Springprüfungen überhaupt. Wälle und raffinierte Kombinationen wie auch das ausgeklügelte Wechseln von Steil- und Hoch-Weit-Sprüngen ließen bislang unter Tausenden von Startern nur vereinzelte Pferde einen fehlerfreien Parcours beenden. Der Parcours enthält folgende Hindernisse:

1. Koppelrick, 1,30 m hoch
2. Doppel-Koppelrick, 1,40 m hoch, 1,30 m weit
3 a. Wall mit Rick, 1,50 m, bzw. 1 m hoch
3 b. Wall mit Rick, 1,60 m hoch
Abstand zwischen a und b 11 m
4. Großer Wassergraben, 4 m weit
5. Palisade, 1,60 m hoch
6. Großer Wall, 3 m hoch
6 a. Aufsprung mit Rick, 1,20 m hoch
6 b. Aufsprung; Rick, 1 m hoch
6 c. Absprung
7. Bretterplankenzaun, 1,60 m hoch
8. Koppelrick mit Graben, 1,40 m hoch bzw. 1,50 m weit
9. Tor, 1,60 m hoch
10. Doppel-Birkenrick (Oxer), 1,60 m hoch, 1,80 m weit
11. Oxer, 1,60 m hoch, 1,50 m weit
12 a. Eisenbahnschranke, 1,40 m hoch
12 b. Eisenbahnschranke, 1,45 m hoch
Abstand zwischen a und b 7,50 m
13. Großes Gatter, 1,40 m hoch
14. Pulvermanns Grab:
14 a. Einsprung Rick, 1,40 m hoch
14 b. Wassergraben, 2 m weit
14 c. Aussprung Rick, 1,40 m hoch
Abstand zwischen a u. b und b u. c je 7,50 m
15. Feldsteinmauer, 1,60 m hoch
16 a. Holsteiner Wegesprung, 1,40 m hoch
16 b. Holsteiner Wegesprung, 1,40 m hoch, Abst. 11 m
17. Holzziegelmauer, 1,40 m hoch

Am Beispiel des Hamburger Derby-Parcours sollen einmal verschiedene Hindernisse – wenngleich bei weitem nicht alle! – des Turniersports beschrieben werden:
Sprung 1, eingekeilt zwischen dem hohen Wall und dichtgedrängten Zuschauerreihen, ist ein einfaches, naturfarbenes Koppelrick. Ihm folgt als Sprung 2 das gefürchtete Doppelrick mit zwei gleichhohen Stangen, in etwa 1,30 m Zwischenraum hintereinander in die Luft gehängt. Als drittes geschlossenes Hindernis (wer es seitlich verläßt, wird disqualfiziert) kommt dann

auf der kurzen Seite (Hindernis 3) die Kombination der beiden Holsteiner Wälle mit Aufsprung über eine weiße Stange, Absprung, wieder Aufsprung auf die Steilkante des zweiten Walles und Absprung über eine zwei Meter hohe weiße Latte, die etwa einen Meter vom Wall entfernt hängt. Nach diesem kräfteverschleißenden Auf und Nieder tut sich dann der vier Meter breite Wassergraben auf (Nr. 4). Er muß in starker pace angeritten werden, und so werden die Pferde lang und heftig nach der Landung. Dahinter steht dann als Hindernis 5 ausgerechnet eine steile, 1,60 m hohe graue Palisade. Nach einem langen Rechtsbogen folgt (Nr. 6) der Aufsprung auf den großen Wall, danach das Erklimmen einer Zwischenstufe, weiter ein Hindernis oben auf der hohen Plattform. Es folgt die Rutschpartie vom Steilhang zurück auf den Parcours und schließlich – aus der rumpelnden Landung heraus – schon nach einem Galoppsprung ein schwergebauter, 1,60 m hoher, ganz steiler Plankenzaun (Nr. 7). Als Sprung Nr. 8 fordert der »Trakehner« (hohes Rick mit breitem Wassergraben dahinter) zu überdimensionaler Springkurve auf. Bei Hindernis 9 hängt ein wieder sehr steiles hohes Gartentor, gefolgt von dem gewaltigen Doppel-Birkenrick, einem Hoch-Weit-Sprung, der ganz großes Springvermögen erfordert (Nr. 10). Aus der Linkswende heraus tut sich dann der vorn und hinten ebenfalls gleichhohe Busch-Oxer (Nr. 11) auf, der in Höchstabmessungen gebaut ist.

Nach diesen beiden mächtigen Flugkurven kommt es dann auf außergewöhnliche Geschicklichkeit an: Als Hindernis 12a und b hängen zwei Eisenbahnschranken hoch und nackt in der Luft mit einer so knappen Distanz voneinander, daß sich die Pferde wie eine Ziehharmonika zusammenziehen müssen, um früh genug über die Stange b zum Absprung zu kommen. Sprung 13 ist ein massives, steil hängendes Gatter, das sehr viel Schwung erfordert, um gleichzeitig den notwendigen Rhythmus zu entwickeln für »Pulvermanns Grab« (Hindernis 14a, b, c): Einsprung über Koppelrick, Landung auf schräger Talsohle, Wassergraben, Landung auf ansteigender Talsohle und Aussprung über Koppelrick. In Höchstabmessung kommt dann (Nr. 15) die riesige Feldsteinmauer. Jetzt ist der größte Teil geschafft,

Bewegungsphasen beim Sprung

aber die Kraftreserven sind bei Reiter und Pferd vielfach nahezu aufgezehrt. So wird das Hindernis 16a, b, der Holsteiner Wegesprung, noch einmal zu einem entscheidenden Prüfstein. Es geht über ein hohes weißes Koppelrick, mit trockenem Graben dahinter, in ein vertieftes Rasenbett hinein und (im Gegensatz zu den engstehenden Eisenbahnschranken) über eine weitgestellte Distanz, die nur unter großer Vehemenz in zwei riesigen Galoppsprüngen zu schaffen ist, über einen trockenen Graben mit hohem weißem Koppelrick dahinter wieder hinaus. Schließlich dann die letzte Wende und als letztes Hindernis (Nr. 17) die steile, optisch sehr irritierende Holzziegelmauer, die so leicht fällt, daß das geringste Antippen zum Fehler führt. – Wer hier innerhalb von knapp drei Minuten mit Anstand einigermaßen über die Runden kommt, erhält bereits respektvollen Beifall.

Dressurprüfung

Für jede Dressurprüfung sind bestimmte Grundsätze in der Ausbildung des Reitpferdes wie auch der Reitkunst des Reiters oder der Reiterin gemäß den allgemeinen Anforderungen maßgebend.

Zu einer der Prüfungen der Klasse S mit den einfachsten Anforderungen zählt die *Aufgabe S1*, die nach den Vorschriften der LPO (Leistungsprüfungsordnung) absolviert werden muß. Die Ableistung des Pensums beträgt etwa 24 1/2 Minuten. Zum Programm gehören zunächst die drei Grundgangarten Schritt, Trab, und Galopp, im Gangmaß von versammeltem, mittlerem, und starkem Tempo. Diese drei Grundgangarten sind das A und O, das Fundament der Dressur, sie sind Eckpfeiler und Kernstück jeder Dressurprüfung. Das Gangwerk eines Pferdes soll schwungvoll und federnd, energisch und kadenziert und in der Verstärkung räumend, das heißt bodengewinnend sein. Alle Bewegungen eines Pferdes kommen aus dem »Motor« der energisch vortretenden oder unterspringenden Hinterbeine. Das Maß des Vortritts eines Pferdes unter seiner Last erhält in Verbindung mit dem Grad seiner Aufrichtung das Gleichgewicht. Die Erhaltung des Gleichgewichts ist eine der primären Voraussetzungen

Bewegungsphasen im Schritt

für die Erfüllung jeder Anforderung auf dem Gebiet der klassischen Dressur. Der Erhaltung und Korrektheit der Gänge gilt das Hauptaugenmerk der Richter. Ein Mangel in der Reinheit der Gänge ist ein Grundfehler und setzt somit den Wert einer Vorführung stark herab.
Im folgenden eine genaue Definition der geforderten Grundgangarten:

Der Schritt
Der Prüfung des korrekten, das heißt des reinen, taktmäßigen und fleißigen Schrittes kommt deshalb besondere Bedeutung zu, weil die Pferde häufiger eine paßartige Fußfolge haben, das heißt, sie bewegen ihre beidseitigen Gliedmaßen gleichzeitig, wie es das Kamel und andere Paßgänger tun. Der Ablauf der Fußfolge im Schritt soll aber im Viertakt erfolgen. Während das Pferd im Mittelschritt mit den Hinterhufen etwas über die Spur der Vorderfüße hinausfußen soll, bleiben im versammelten Schritt die Hinterfüße hinter der Spur der Vorderfüße zurück. Dafür sind Hals und Kopf mehr aufgerichtet. Die Stirnlinie des

Pferdes nähert sich der Senkrechten. Das Pferd steht sicher, aber weich am Zügel. Die Schritte sind weniger raumgreifend, dafür erhabener.

Der Trab

Im Trab vollzieht sich der Ablauf der Fußfolge im Zweitakt in diagonaler Folge, das heißt, es befindet sich immer das diagonale Beinpaar in der Bewegung bzw. am Boden. Dazwischen liegt die Schwebephase, d. h. alle vier Beine befinden sich in der Luft. Das Anreiten zum Trab erfolgt mit unsichtbarer Hilfengebung in energischem Vortritt, wobei der erste Tritt ein Trabtritt sein muß. Die Bewegung soll klar im Takt und mit Schwung aus den Hinterbeinen entwickelt werden. Im versammelten Trab soll sich das Pferd bei gesenkter Hinterhand mit kadenzierten, weniger raumgreifenden Tritten bewegen, in stolzer Aufrichtung, aber nie zu kurz im Hals, Stirnlinie höchstens an, besser noch leicht vor der Senkrechten.

Im Mitteltrab sollen die Tritte raumgreifender werden, wozu der Reiter dem Pferd den Hals länger machen muß. Das Pferd darf dabei aber nicht aus dem Gleichgewicht kommen und sich nicht auf die Hand des Reiters stützen, noch dürfen die Tritte eiliger werden. Das deutliche Engagement der unter dem Schwerpunkt des Pferdes fußenden Hinterbeine ermöglicht das leichte Abfedern und den freien Vortritt der Vorderbeine.

Der starke Trab fordert die höchsterreichbare Schwungentfaltung und dabei die stärkste Aktivität der Hinterbeine. Der Raumgriff ist weiter gesteigert. Auch hier sollen die Tritte nicht eiliger werden, noch gespannt sein; das Pferd darf nicht wegstürmen. Das Kriterium für die Losgelassenheit der Bewegungen ist der weiterhin elastisch schwingende Rücken des Pferdes, der dem Reiter Gelegenheit zu bequemem Sitz bietet. Der ausdrucksvolle und raumgreifende starke Trab im Wechsel mit dem versammelten Trab ist es erst, der einer Vorführung den wahren Glanz gibt.

Der Galopp

Die dritte Grundgangart – der Galopp –, dessen Ablauf im Dreitakt erfolgt, ist wohl die schönste und, wenn das Pferd mit elastisch federnden Gelenken in guter Balance bleibt, auch ange-

Bewegungsphasen im Trab

Bewegungsphasen im Galopp

nehmste Gangart. Hier kann der Reiter die Erhabenheit der Bewegung und die ganze Schönheit seines Pferdes am meisten zur Geltung bringen. Das Pferd soll dabei geschmeidig, fleißig, aber ohne Übereilung unter den Schwerpunkt springen und geradgerichtet sein, das heißt, Vor- und Hinterhand müssen aufeinander eingerichtet sein. Die sogenannte »natürliche Schiefe« eines Pferdes, der entgegenzuarbeiten die ständige Sorge des Reiters bleiben muß, zeigt sich im Galopp in der Regel am häufigsten. Im versammelten Galopp soll die Kruppe des Pferdes deutlich gesenkt, der Galopp-Sprung erhabener sein, das Pferd soll sich in stolzer Selbsthaltung präsentieren. Im Mittel- und starken Galopp sollen die Sprünge länger, aber nicht eiliger werden; dazu ist es nötig, daß der Reiter dem Pferd wiederum den Hals länger läßt. In jedem Moment aber muß der Reiter sein Pferd sicher in der Hand behalten und in der Lage sein, augenblicklich mit unmerklichen Hilfen das Tempo zum versammelten Galopp zurückzuführen, in eine niedere Gangart überzugehen oder gar zum Halten durchzuparieren.
Im sinnvollen Aufbau, vom Leichten zum Schweren, schließen sich die speziellen Lektionen der Aufgabe an. Dazu gehören zunächst einmal eine Doppelvolte rechts und links in versammeltem Trab sowie zweimaliges Rückwärtsrichten in einer vorgeschriebenen Trittzahl (die sogenannte Schaukel).
Bei der Doppelvolte muß das nach innen gestellte Pferd in seiner ganze Länge so viel um den inneren Schenkel des Reiters gebogen sein, daß der gleichmäßig runde Kreis der Volte von 6 Schritt Durchmesser einen Hufschlag aufweist. Die Volte muß genau an dem Punkt enden, an dem sie begonnen wird. Häufig vorkommende Fehler: Die Volte wird eckig oder ellipsenförmig statt kreisrund geritten, oder sie endet vor dem Punkt, an dem sie begonnen wurde.
Die in der Aufgabe geforderte Traversale geht folgendermaßen vor sich: Die Traversalverschiebung beiderseits der Mittellinie – kurz auch das Trabzickzack genannt – führt bis zu 2 Meter rechts und links von der Mittellinie. Sie ist der beste Prüfstein für die gleichmäßige Durchbildung des Pferdes auf beiden Seiten. Das Pferd ist nach der Bewegungsrichtung gestellt und in seiner

Versammelter Schritt

Starker Trab

Mittelgalopp

ganzen Länge gebogen. Die äußeren Beine kreuzen die inneren. Das mühelose Gleiten nach beiden Seiten in korrekter Stellung und Biegung bei Erhaltung der reinen Fußfolge wird gefordert.

Die Pirouette gehört ebenfalls zur Lektion. In der Galopp-Pirouette dreht sich das Pferd auf einem möglichst kleinen Kreis um den inwendigen Hinterfuß unter Beibehaltung des Tempos und des rhythmischen Abfußens, das will besagen, daß das Zeitmaß des Galopps weder langsamer noch schneller werden darf. Das Pferd muß sich bei der Einleitung der Pirouette wie nach ihrer Beendigung auf gerader Linie bewegen. Die in der Aufgabe geforderten halben Pirouetten, bei denen sich das Pferd um 180 Grad wendet, müssen in zwei oder drei Galoppsprüngen ausgeführt werden. Der Leichtigkeit der Ausführung gilt dabei die besondere Aufmerksamkeit der Richter.

Der fliegende Galoppwechsel muß ohne Unterbrechung vom Rechts- und Linksgalopp oder umgekehrt erfolgen. Der Wechsel soll in einem erhabenen Galoppsprung auf gerader Linie vor sich gehen. Beim Wechsel darf das Pferd nicht schräg gestellt sein oder gar hinten schwanken. Die Kruppe soll dabei nicht höher werden. Das Umspringen der Vorder- und Hinterbeine hat im gleichen Augenblick zu erfolgen. Die Reiterhilfen dürfen dabei zwar bestimmt, jedoch nicht auffallend sein.

Selbstverständlich gibt es aber auch andere Aufgaben innerhalb dieser Klasse, die als schwieriger gelten. Es wird aber immer so sein, daß der einzelne Reiter gelegentlich unterschiedlicher Auffassung ist über den Schwierigkeitsgrad, je nachdem nämlich, was seinem Pferd mehr oder weniger liegt. Gleichbleibend in allen Dressuraufgaben, ob sie nun fünf, sieben, zehn oder vierzehn Minuten dauern, ist die Notwendigkeit von außerordentlicher Konzentration bei Reiter und Pferd. Jede Unaufmerksamkeit oder jedes Abgelenktsein können ein Verreiten, fehlerhafte Spannungen oder Figurenabweichungen bewirken.

Im internationalen Aufbau der Aufgabenstellung gibt es die Einteilung St.-Georgs-Preis (ein Mittelding zwischen M- und S-Lektionen etwa), die Intermediaire (eine Zwischenstufe zwischen Lektionen der Klasse S und den Anforderungen eines Grand Prix) und den Grand Prix selbst, der fast immer mit den Dressurlektionen, die bei den vorhergegangenen Olympischen Spielen verlangt wurden, identisch ist. Eine solche Grand-Prix-Aufgabe soll hier anhand eines Richterprotokolls vom Westfalenhalle-Turnier in Dortmund 1967 verdeutlicht werden.

W. Schultheis auf dem 8j. R. Sch. W. Lénard (Schwed.):
»Ansprechendes Gesamtbild. Eine glänzende Vorstellung, die ebenso durch die Leichtigkeit aller Bewegungen wie durch ihre Genauigkeit beeindruckt. Das Pferd macht unter seinem Reiter einen sichtbar zufriedenen Eindruck. Dem Trab wünschte man durchgehend mehr Schub aus den Hinterbeinen, der Galopparbeit geschmeidigeres Unterspringen. – Im einzelnen: Einreiten und Aufstellung tadellos, das Pferd in voller Unbeweglichkeit, sicher an den Hilfen. Schwungvoller Mitteltrab mit schönem, freiem Hals. Starker Schritt gut geregelt, fleißig, genügend raumgreifend. Zwangloser Mittelgalopp mit sehr sicheren fliegenden Wechseln. Der versammelte Schritt mit Fleiß, in guter Kadenz. In der halben Schritt-Pirouette rechts könnte die Stellung des Pferdes genauer sein. Lebhafter, gut akzentuierter versammelter Trab. Durchlässige ganze Parade bei X, gleichmäßig fließende Schaukel. Die Traversale in der Bewegung nach rechts mit vorausgeführter Hinterhand. Gut abgestimmte folgende Trabreprise. Der versammelte Schritt danach wiederum mit Fleiß, im Takt und in guter Kadenz. Ausdrucksvolle, taktmäßige erste Passage. Lebhafte, gut kadenzierte Piaffe. Geschmeidiger Übergang zur zweiten Passage, diese selbst gut im Takt, mit viel Ausdruck. Der folgende starke Trab energisch vorwärts. Betonter Übergang zur Versammlung. Halten, Rückwärtsrichten und Angaloppieren bei L einwandfrei. Geschmeidiges Galoppzickzack. Die Trabverstärkung mit viel Impuls. In der ganzen Links-Pirouette konnte das Pferd geschmeidiger unter den Schwerpunkt springen. Ganze Rechts-Pirouette gut im Gleichgewicht, regelmäßig gesprungen. Energische Galoppverstärkungen. Beim Halten am Punkt C konnten die Hinterbeine des Pferdes besser heranbleiben. Zweier- und Einerwechsel mit großer Sicherheit, absolut gerade. In der Schlußpassage kommt das Pferd einmal aus dem Takt. Korrekte Schlußaufstellung.«

Willi Schultheis gewann den Grand Prix in Dortmund. Mehr als dreißig Jahre vorher, bei den Olympischen Spielen in Berlin 1936, siegte Heinz Pollay auf Kronos in dieser Prüfung, wie Schultheis ein Schüler des großen Reitmeisters Otto Lörke. Lesen wir nun dessen Beurteilung durch den Experten G. Rau.

»Der Reiter übertrifft sich selbst. Es fällt keine Hilfe auf. Das Pferd gleitet dahin, wie von unsichtbaren Kräften getragen. Besonders der Trab zeigt viel mehr Schmelz und Federkraft als sonst. Es ereignet sich während der ganzen Produktion nichts, das die wunderbare Gleichmäßigkeit und Selbstverständlichkeit der Produktion erschüttern könnte. Alles wirkt schön und erhebend. Wenn man jede Kleinigkeit, die eine minimale Abweichung von der höchsten Korrektheit brachte, nennen will, so muß man erwähnen: Bei der zweiten Kurzkehrtwendung aus dem Trab trat das Pferd etwas nach rückwärts und war bei der sonst erstklassigen Schaukel beim Rückwärts etwas überzäumt. Vor den beiden halben Pirouetten sprang das Pferd beim Angaloppieren einmal um, glitt aber sofort wieder in den richtigen Galopp. Beim Galoppzickzack einmal einen halben Galoppsprung zuviel. Höhepunkte waren der erste Trab, der erste Galopp, das jedesmalige Stehen, die großen Diagonalen im Trab, Schritt und Galopp, die Schlangenlinie, in der das Pferd in herrlicher Haltung ging und einen idealen Contregalopp zeigte. Das dreimalige Verstärken des Galopps besser denn je, keinen Zentimeter mit der Hinterhand hereingestellt. Die erste Pirouette musterhaft, die zweite etwas verlangsamt, aber in Anlage und Ausführung ganz genau. Auch Passage und Piaffe sowie die Übergänge waren von einer seltenen Grazie und Bestimmtheit. In der Piaffe könnte sich die Kruppe noch mehr senken. Leichte Tendenz, die Kruppe hochzuwerfen.«

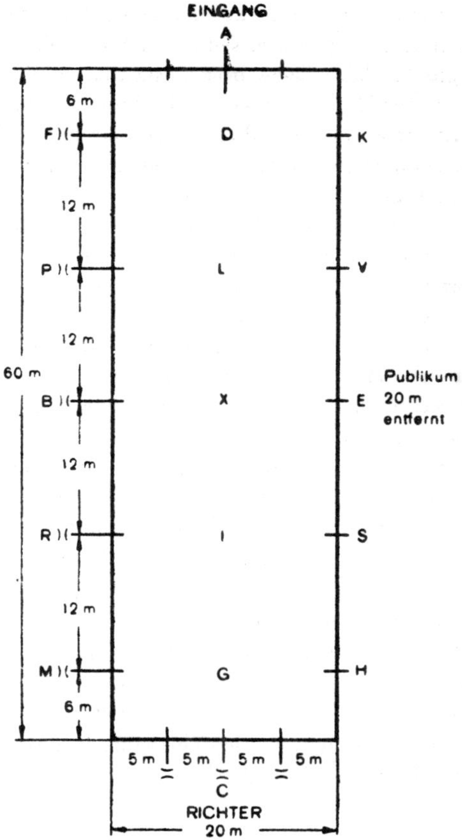

Dressurviereck

Die olympische Dressuraufgabe (Grand Prix) ist die schwierigste Prüfung der Reitkunst. Vollkommene Geschmeidigkeit, Durchlässigkeit und Gehorsam des Pferdes sind neben echtem Können des Reiters Voraussetzung, um die gestellten hohen Anforderungen zu erfüllen. Worauf es bei der Bewertung der einzelnen Leistungen in erster Linie ankommt, ist aus der Spalte »Leitgedanken« der Grand-Prix-Tabelle (siehe S. 75ff.) zu ersehen.

Die Richter haben jede der 39 Lektionen und Bewegungen nach freiem Ermessen mit einer Note zwischen 10 und 0 zu bewerten.

Die Noten bedeuten:

10 ausgezeichnet
9 sehr gut
8 gut
7 ziemlich gut
6 befriedigend
5 genügend
4 nicht genügend
3 ziemlich schlecht
2 schlecht
1 sehr schlecht
0 nicht ausgeführt

Zum Schluß sind noch 4 Noten für den Gesamteindruck zu geben, die in Anbetracht ihrer Wichtigkeit mit einem Koeffizienten multipliziert werden. Hierbei werden bewertet:

1. Reinheit der Gänge, Ungebundenheit und Regelmäßigkeit
2. Schwung (Frische, Elastizität der Bewegungen, Rückentätigkeit und Engagement der Hinterhand)
3. Gehorsam des Pferdes (Aufmerksamkeit und Vertrauen, Harmonie, Losgelassenheit und Durchlässigkeit, Maultätigkeit, Anlehnung und natürliche Aufrichtung)
4. Sitz und Einwirkung des Reiters, Korrektheit in der Anwendung der Hilfen

Fédération
Equestre
Internationale

Grand Prix

Dauer: 8'40"
(nur zur Information)

Veranstaltung | Datum | Richter und Position

Programm Nr. | Teilnehmer | Nation | Pferd | Nr.

	Lektionen der Aufgabe	Punkte	Note	Korr. Note	Koeffizient	Total	Bemerkungen	Leitgedanken
1. **A** **X**	Einreiten im versam. Galopp Halten – Unbeweglichkeit – Gruss Anreiten im versam. Trab	**10**						Das Einreiten. Das Halten und die Übergänge vom Galopp zum Halten und vom Halten zum Trab.
2. **C** **MXK** **KA**	Rechte Hand Im Mitteltrab durch die ganze Bahn wechseln Mitteltrab	**10**						Die Verstärkung und Regelmässigkeit der Tritte. Der Übergang.
3. **A** **FXH**	Versammelter Galopp Im Mittelgalopp durch die ganze Bahn wechseln, mit Galoppwechsel bei X	**10**						Die Verstärkung und Regelmässigkeit der Sprünge. Das Gleichgewicht und das Geradegerichtetsein. Der Übergang.
4. **MXK** **K**	Im starken Galopp durch die ganze Bahn wechseln Versammelter Galopp und Galoppwechsel	**10**						Die Verstärkung. Die Versammlung. Der Galoppwechsel.
5. **A** **FS** **SHG**	Versammelter Trab Im starken Trab durch die Bahn wechseln Versammelter Trab	**10**						Die Dehnung des Halses. Die Verstärkung und Regelmässigkeit der Tritte. Die Übergänge.
6. **G**	Halten – 4 Tritte rückwärtsrichten, 4 Schritte vorwärts, 6 Tritte rückwärts – daraus sofort im Mitteltrab anreiten	**10**						Das Halten. Das Rückwärtsrichten. Die Übergänge.

	Lektionen der Aufgabe	Punkte	Note	Korr. Note	Koeffizient	Total	Bemerkungen	Leitgedanken
7.	Die Übergänge vom versammelten Trab zum Halten und vom Rückwärtsrichten zum Mitteltrab	**10**						
8. M **RK** **K**	Rechte Hand Im starken Trab durch die Bahn wechseln Versammelter Trab	**10**						Die Dehnung des Halses. Die Verstärkung und Regelmässigkeit der Tritte. Die Übergänge.
9. FE	Nach links traversieren	**10**						Die Korrektheit und Regelmässigkeit. Stellung und Biegung. Das Gleichgewicht.
10. EM **MC**	Nach rechts traversieren Versammelter Trab	**10**						Die Korrektheit und Regelmässigkeit. Stellung und Biegung. Das Gleichgewicht.
11. C **H** Zwischen **G** und **M**	Versammelter Schritt Linksum Halbe Pirouette links	**10**						Der Übergang. Die Regelmässigkeit der halben Pirouette.
12. Zw. **G** und **H**	Halbe Pirouette rechts	**10**						Die Regelmässigkeit der halben Pirouette.
13.	Der versammelte Schritt CHG (M) (H) G	**10**						Die Versammlung und Erhabenheit des Schrittes. Die Haltung und Regelmässigkeit.
14. GMEF	Starker Schritt	**10**			**2**			Die Verstärkung und Regelmässigkeit des Schrittes. Die Dehnung des Halses.
15. FAK	Versammelter Schritt	**10**						Die Versammlung und Erhabenheit des Schrittes. Die Haltung und Regelmässigkeit.
16. K	Übergang zur Passage Der Übergang vom versammelten Schritt zur Passage	**10**						
17. KVL	Passage	**10**						Die Kadenz und Regelmässigkeit

	Lektionen der Aufgabe	Punkte	Note	Korr. Note	Koeffizient	Total	Bemerkungen	Leitgedanken
18. L	Piaffe 10–12 Tritte	**10**						Die Kadenz und Regelmässigkeit.
19. L	Übergang zur Passage Die Übergänge von der Passage zur Piaffe und von der Piaffe zur Passage	**10**						
20. LPRI	Passage	**10**						Die Kadenz und Regelmässigkeit.
21. I	Piaffe 10–12 Tritte	**10**						Die Kadenz und Regelmässigkeit.
22. I	Übergang zur Passage Die Übergänge von der Passage zur Piaffe und von der Piaffe zur Passage	**10**						
23. ISHC	Passage	**10**						Die Kadenz und Regelmässigkeit.
24. C	Im versammelten Galopp anreiten	**10**						Das Geradegerichtetsein. Die Ruhe. Die Regelmässigkeit.
25. MF **F**	Mittelgalopp Versammelter Galopp	**10**						Der Bodengewinn im Galopp. Das Gleichgewicht u. das Geradegerichtetsein. Die Übergänge.
26. AG **G**	Auf die Mittellinie gehen – 6 Traversalen beiderseits der Mittellinie mit Galoppwechsel bei jedem Richtungswechsel. Die erste Traversale nach rechts und die letzte nach links zu je 3 Sprüngen, die übrigen 4 Traversalen zu je 6 Sprüngen Im Linksgalopp endend	**10**						Die Korrektheit und Regelmässigkeit der Traversalen und der Galoppwechsel. Das Gleichgewicht.
27. C **HK** **K**	Linke Hand Starker Galopp Versammelter Galopp	**10**						Die Verstärkung. Die Versammlung. Die Übergange.

	Lektionen der Aufgabe	Punkte	Note	Korr. Note	Koeffizient	Total	Bemerkungen	Leitgedanken
28. **A** **L** **X**	Auf die Mittellinie gehen Ganze Pirouette links Galoppwechsel	**10**			**2**			Die Versammlung. Die Regelmässigkeit. Der Galoppwechsel.
29. **I** **C**	Ganze Pirouette rechts Rechte Hand	**10**			**2**			Die Versammlung. Die Regelmässigkeit. Der Galoppwechsel.
30. **MXK**	Auf der Diagonalen 9 Galoppwechsel zu je 2 Sprüngen (links endend)	**10**						Die Korrektheit. Das Geradegerichtetsein. Das Gleichgewicht und der Fluss der Bewegungen.
31. **FXH**	Auf der Diagonalen 15 Galoppwechsel von Sprung zu Sprung (rechts endend)	**10**						Die Korrektheit. Das Geradegerichtetsein. Das Gleichgewicht und der Fluss der Bewegungen.
32. **C** **MXK** **K**	Versammelter Trab Im starken Trab durch die ganze Bahn wechseln Versammelter Trab	**10**						Die Dehnung des Halses. Die Verstärkung der Regelmässigkeit der Tritte. Die Übergänge.
33. **A** **L**	Auf die Mittellinie gehen Halten – 4 Tritte rückwärtsrichten – daraus sofort Übergang zur Passage	**10**						Das Halten. Das Rückwärtsrichten.
34.	Die Übergänge von versammelten Trab zum Halten und vom Rückwärtsrichten zur Passage	**10**						
35. **LX** **X**	Passage Volte nach rechts in der Passage, 10 m Durchmesser	**10**						Die Kadenz und Regelmässigkeit. Die Biegung.
36. **X**	Piaffe 10–12 Tritte	**10**						Die Kadenz und Regelmässigkeit.
37. **X** **XI**	Volte nach links in der Passage 10 m Durchmesser Passage	**10**						Die Kadenz und Regelmässigkeit. Die Biegung.
38.	Die Übergänge von der Passage zur Piaffe und von der Piaffe zur Passage	**10**						

	Lektionen der Aufgabe	Punkte	Note	Korr. Note	Koeffizient	Total	Bemerkungen	Leitgedanken
39. **I**	Halten – Unbeweglichkeit – Gruss	**10**						Das Halten und der Übergang.
	Verlassen der Bahn bei A im Schritt am langen Zügel	**420**					**Total**	
							Gesamtnoten	
		10			**2**		1. Reinheit der Gänge, Ungebundenheit und Regelmässigkeit	
		10			**2**		2. Schwung (Frische, Elastizität der Bewegungen, Rückentätigkeit und Engagement der Hinterhand)	
		10			**2**		3. Gehorsam des Pferdes (Aufmerksamkeit und Vertrauen, Harmonie, Losgelassenheit und Durchlässigkeit, Maultätigkeit, Anlehnung und natürliche Aufrichtung)	
		10			**2**		4. Sitz und Einwirkung des Reiters, Korrektheit in der Anwendung der Hilfen	
		500					**Total**	
							Abzug	
							Strafpunkte für Verreiten und Auslassungen	
							das 1. Mal = 2 Punkte	
							das 2. Mal = 4 Punkte	
							das 3. Mal = 8 Punkte	
							das 4. Mal = Ausschluss	
							Total	

	Note
Richter E	
Richter H	
Richter C	
Richter M	
Richter B	
Total	

Unterschrift des Richters:

In Kraft ab 1. März 1983
Für die Figuren siehe FEI Dressurreglement 16. Ausgabe, Anhang IV.

Veranstalter (genaue Adresse):

Zurück von den Höchstanforderungen zur Anfängerstufe, mit der alles dressurmäßige Reiten beginnt. Hier wird das Elementare geprüft, nach denselben Maßstäben wie in allen anderen Leistungsklassen der Dressur über L zu M zu S. Nur die Anforderungen unterscheiden sich. Die Bewertungsgrundsätze bleiben gleich.

Abschließend also eine Aufgabe der Grundstufe, die Aufgabe A 1 aus dem Aufgabenheft:

Aufgabe A 1 (Dressurprüfung der Klasse A), Dauer etwa 8 Minuten

Klasse A

Aufgabe A 1

Abteilungsreiten

Viereck 20 × 40 m – Dauer etwa 8 Minuten, ohne Springen. Für etwa 4 Reiter

	Auf der rechten Hand im Mittelschritt Abteilung bilden.
(A)	(Von der kurzen Seite auf die Richter zu) Anfang rechts dreht, links marschiert auf – Marsch. – Anfang – Halt (wenn der Anfangsreiter die Verbindungslinie der beiden Punkte E–B erreicht). – Grüßen.
(M-F-K-H)	Im Mittelschritt, Abteilung zu einem rechts brecht ab – Marsch.
(C-M-F-A)	Abteilung im Arbeitstempo – Trab.
(K-M)	Anfang Schlangenlinie durch die Bahn, dabei leichttraben, 4 Bogen, mit Fußwechsel beim Durchreiten der Mittellinie, links beenden, danach aussitzen.
(H-K-F-M)	Mitteltrab.
(M-H-K)	Im Arbeitstempo (lange Seite) Abteilung – Halt. Auf der Vorderhand rechtsum kehrt – Marsch.

(H-M-F)	Im Mittelschritt, Abteilung – Marsch (lange Seite) Volte – Marsch.
(F-A-X-A)	Abteilung im Arbeitstempo – Trab, auf dem Zirkel geritten (1 mal herum).
(A-X-A)	Abteilung im Arbeitstempo Galopp – Marsch (1 mal herum).
(A-X-C-X)	Abteilung im Arbeitstempo – Trab, aus dem Zirkel wechseln (1 mal herum).
(X-C)	Abteilung im Arbeitstempo Galopp – Marsch.
(H-K-F-M)	Ganze Bahn, Mittelgalopp.
(H-K)	Im Arbeitstempo.
(A-F-X-H)	Abteilung im Arbeitstempo – Trab, durch die ganze Bahn wechseln.
(M-F)	(lange Seite) Abteilung – Halt. Auf der Vorhand linksum kehrt – Marsch.
(M-E-A)	Abteilung im Arbeitstempo – Trab.
(A-X-C-B)	Durch die Länge der Bahn wechseln.
(A)	(von der kurzen Seite auf die Richter zu) Anfang rechts dreht, ohne Zwischenraum links marschiert auf – Marsch. Anfang – Halt (wenn der Anfangsreiter die Verbindungslinie E–B erreicht). – Grüßen.

Passage

Piaffe

Levade

Der Leistungssport zu Pferde vereinigt mehrere Einzel-Disziplinen zu Vielseitigkeitsprüfungen, die in der sogenannten Military gipfeln. Hier werden in drei Teilprüfungen, der Dressurprüfung auf dem Viereck, dem Reiten im Gelände und der Springprüfung, Anforderungen gestellt, die in ihrer Mannigfaltigkeit großes vielseitiges Können bei Reiter und Pferd voraussetzen. Die Military, zugleich auch eine olympische Disziplin, besitzt ihr Kernstück im Geländereiten und wird dieser harten Erprobung wegen gern als Krone der Reiterei bezeichnet.
Jede Military erstreckt sich auf drei Tage. Am ersten Tag wird jedes Pferd einzeln im Dressurviereck von einer dreiköpfigen Jury geprüft und bewertet. Die eigens hierfür festgelegte Aufgabe umfaßt Lektionen, die geeignet sind, vor allem die Geschmeidigkeit, Durchlässigkeit auf Reiterhilfen und den Gehorsam im Hinblick auf seine Verwendung in schwierigem Gelände richtig zu benoten.
Der zweite und wichtigste Teil jeder Military, die Geländeprüfung, umfaßt beispielsweise in einer großen Vielseitigkeit der Klasse M folgende Phasen:

Phase A	Wegestrecke I 4800–7200 m – Tempo: 220 m/Min.
Phase B	Rennbahn ca. 2800 m mit 8–10 Rennbahnhindernissen bis zu 80 cm Höhe – Tempo: 690 m/Min.
Phase C	Wegestrecke II 6000–9000 m – Tempo: 220 m/Min., Startlinie C = Ziellinie B, fliegender Start **Zwangspause 10 Minuten** Verfassungsprüfung gem. § 67
Phase D	Querfeldeinstrecke 5000–7000 m Länge mit 20 bis 25 festen Hindernissen, nicht über 1,10 m hoch, Hochweitsprünge nicht über 1,80 m weit, Weitsprünge nicht über 3,50 m weit – Tempo: 570 m/Min.

Im Bericht über die Military bei den Olympischen Spielen in Tokio 1964 heißt es beispielsweise: »Diese 32,7 km waren ein sorgsam gehütetes Geheimnis bis zur offiziellen Besichtigung. Regen trug nicht gerade dazu bei, der Anlage ihre beste Seite abzugewinnen. Sie präsentierte sich so, wie am Prüfungstag dann leider auch, denn umfangreiche Änderungen waren nicht mehr möglich. Bestenfalls einige kleine Verbesserungen, vor allem auf der Rennbahn, die man aus dem Gestrüpp herausgerodet und mit Bulldozern glattgebügelt hatte. Ihr Geläuf aus Lavaschlacke schien an vielen Stellen unpassabel. Die Equipechefs gaben erst Ruhe, nachdem eine neue Schicht aufgetragen war.«

Bewegungsphasen beim Renngalopp

Die dritte und letzte Teilprüfung wird in einem Springparcours ausgetragen, der am dritten Tag die Feststellung bringen soll, ob die Pferde noch genügend frisch und wendig geblieben sind nach den vorangegangenen Strapazen. An diesem abschließenden Springen dürfen nur Pferde teilnehmen, die in der vorangegangenen tierärztlichen Untersuchung die Gewähr bieten, daß sie den Parcours ohne gesundheitliche Schäden überstehen.
Die Bewertung erfolgt aufgrund § 653 LPO. Auf der Rennbahn und in der Querfeldeinstrecke können durch schnelleres Reiten Gutpunkte herausgeholt werden. Langsameres Reiten als die Mindestzeit, Verweigern von Hindernissen, Fallen von Reiter und Pferd führen zu Minuspunkten. Das Auslassen von Wendemarken oder Hindernissen bedeutet Disqualifikation. Die Military baut auf Vielseitigkeitsprüfungen leichterer Klassen auf, die systematisch an die Spitzenprüfung heranführen. Als Vorstufen sind natürlich auch leichtere Dressur- und Springprüfungen sowie einfache Geländeritte anzusehen.

Wien: Klassische Stätte der Reitkunst

Bevor wir den »Großen Sport« auf Turnieren erleben, erscheint ein kurzer Hinweis auf eine klassische Stätte der Reitkunst angebracht: die Spanische Hofreitschule in Wien.
Während so weltbekannte klassische Springschulen wie Hannover und Pinerolo heute von keiner ausschlaggebenden Bedeutung mehr sind, weil Ausbildung und Training des Springpferdes überall verhältnismäßig dezentralisiert verlaufen, gibt es für die Dressurreiterei auch jetzt noch zwei berühmte Institute, die die Reitkunst nach klassischen Grundsätzen demonstrieren, ohne miteinander oder mit den Dressurreitern des Turniersports in Konkurrenz zu treten.
In Wien besteht seit 1735 die in allen fünf Erdteilen bekannte Spanische Hofreitschule. Sie wurde bald eine Stätte ernster, hochkultivierter Reitkunst und überschäumender Lebensfreude, die in

der Veranstaltung glänzender Reiterfeste ihre Erfüllung suchte. Die Kaiserin Maria Theresia war selbst eine begeisterte Reiterin und führte 1743 die erste große Damenquadrille im »Sanktuarium«, der Prunkhalle der Wiener Hofreitschule.

Nach einer größeren Zahl von Oberbereitern, die sich um die Entwicklung der Reitkunst verdient gemacht hatten, übernahm um die Jahrhundertwende der Oberstallmeister des Kaisers, Rudolf Fürst zu Liechtenstein, die Oberleitung der Schule. Mit seiner Vertretung wurde Feldmarschalleutnant von Holbein beauftragt, während Johann Meixner als Oberbereiter wirkte. Sein Nachfolger wurde Mauritius Herold. Bis zur Übernahme der Spanischen Hofreitschule, die bis 1938 dem österreichischen Bundesministerium für Land- und Forstwirtschaft unterstand, in die Obhut der Deutschen Wehrmacht war der letzte Erste Stallmeister der Monarchie, Graf Rudolf van der Straaten, für die Wahrung der Tradition verantwortlich. Ihm folgte als Kommandeur der »Spanischen« Oberst a. D. Hofrat Alois Podhajsky.

Die ebenso feudalen wie schönen Gebäude schuf kein Geringerer als der große Künstler Fischer von Erlach.

Als Reitpferde werden nur Hengste Lipizzaner Blutes, fast ausschließlich Schimmel, verwandt, Nachkommen der Pferdegeschlechter Maestoso, Pluto oder Neapolitano.

Sie entstammen der andalusischen Zucht und sind eine Kreuzung zwischen Araber- oder Berberhengsten mit schweren spanischen Landstuten. Diese Pferde wurden in den deutschsprachigen Raum eingeführt, als man im Jahre 1580 das Gestüt Lipizza im südlichen Alpenland gründete.

Zweck der Reitschule ist,
die Reitkunst in ihrer höchsten Vollendung
zu erhalten und ihr immer erneut Geltung zu verschaffen,
die Heranbildung methodischer Schulreiter,
die reiterliche Erprobung der für die
Fortführung der Lipizzanerrasse notwendigen Zuchthengste,
die Erteilung von Unterricht an einzelne
für die Reitkunst sich Interessierende aus
der Armee oder aus dem »Civile«.

Kaiser Karl VI. hatte ausdrücklich nur die Aristokratie zum Unterricht an der k. u. k. Hofreitschule zugelassen. Um 1900 konnten sich jedoch auch Bürger melden, wenn sie für ein Dutzend Reitstunden 120 Kronen ausgeben und genügend reiterliche Vorbildung nachweisen konnten.
Die jungen ausgewählten Hengste kommen vierjährig aus dem Gestüt Piber in die Spanische Hofreitschule, gehen zunächst ein Vierteljahr an der Longe in vorbereitender Arbeit und kommen dann erst unter den Sattel. Die Ausbildung währt jahrelang; sie wird niemals übereilt, denn die Hengste sollen sich systematisch entwickeln und bis in ihr hohes Alter frisch bleiben. Daher gelten 25jährige Hengste nicht unbedingt als »Pferdegreise«.
Durch zahlreiche Gastspiele ist die Spanische Hofreitschule in aller Welt bekannt geworden. Ihre weißen Hengste aus Wien werden stets und überall enthusiastisch gefeiert.

Pferderennen

Man unterscheidet zwischen Galopprennen (Flach- und Hindernisrennen) und Trabrennen (Trabfahren und Trabreiten). Veranstalter sind die Rennvereine, die mit Hilfe von Eintrittsgeldern und gestifteten Mitteln von öffentlicher und privater Seite die Unterhaltung der Rennbahnen und die Durchführung der Rennen und deren Ausstattung mit Geld- und Ehrenpreisen bestreiten.
Die Trabrennen werden einspännig im Sulky gefahren (einer einspännigen, zweirädrigen, gut gefederten Rennkarre mit Gummireifen). Die Rennen führen über 1000 bis 4200 Meter. Im Gegensatz zum Galopprennen erfolgt ein Ausgleich nicht durch Gewichte, sondern durch Entfernungszulagen. Die Trabfahrbahnen sind ellipsenförmig, mit festem, elastischem Geläuf.
Die Galopprennen finden auf Rennbahnen statt, die meist der Landschaft angepaßt sind. Sie führen in ovaler oder elliptischer Form, die mit geraden Strecken abwechselt, über 900 bis 7500 Meter. Die Bahn aus elastischem Rasenboden muß mindestens 20 Meter breit sein.

Neben den überwiegenden Flachrennen unterscheidet man bei Hindernisrennen zwischen Jagdrennen, die über feste, verschiedenartige Hindernisse, auch Gräben, ausgetragen werden, und Hürdenrennen mit beweglichen, leichten Reisighürden. Dann gibt es noch die Steeplechase, wie beispielsweise in Liverpool (England) oder Pardubitz (Tschechoslowakei). Die Bezeichnung Steeplechase kommt von dem früheren Querfeldeinreiten, bei dem ein Kirchturm (steeple) das Ziel angab.

Alle Rennen sind in bestimmte Wertstufen eingeteilt. Zu den großen klassischen Prüfungen gehören zum Beispiel das Derby, der Große Preis von Baden-Baden oder das Henkell-Rennen.

Auf die ausgleichenden Vorgaben im Trabrennsport wurde schon hingewiesen. Im Galopprennsport erfolgt der Ausgleich gemäß den Erfolgen nach Gewichtszugaben, die durch »Ausgleicher« laufend errechnet und durch Bleiplatten am Sattel verwirklicht werden.

Der älteste Große Pferdesport ist der Rennsport. Sein erstes öffentliches Auftreten in Deutschland erfolgte im Jahre 1822: auf der Rennbahn im mecklenburgischen Bad Doberan, im Anschluß daran in Berlin (1829), Breslau (1833), Hamburg und Königsberg (1835).

In Berlin wurde 1828 der Verein für Pferdezucht und Pferderennen gegründet, der vier Jahrzehnte später durch den »Union-Klub« abgelöst werden sollte. König Friedrich Wilhelm III. übernahm das Protektorat über diesen Verein, während in anderen deutschen Ländern das regierende Fürstenhaus den Rennsport nachhaltig förderte und damit der Bevölkerung das beste Beispiel gab.

Am 17. Juni 1829 um 9 Uhr vormittags begann in Berlin auf der neuen Bahn in Lichterfelde der erste Renntag. Die Vossische Zeitung brachte darüber am folgenden Tage eine lange Notiz, der das Folgende entnommen werden soll: »Der 17. Juni, in der allgemeinen Geschichte Preußens denkwürdig, wird nicht weniger bemerkenswert in dessen Culturgeschichte seyn. Es fand an diesem Tag das erste Wettrennen von Pferden inländischer Zucht statt, welches Berlin gesehen ...« Der äußere Erfolg war für damalige Verhältnisse großartig. Etwa 600 Wagen und ebenso viele

Reiter sollen gezählt worden sein. An diesem Tag war in ganz Berlin (200 000 Einwohner) fast kein Fahrzeug mehr aufzutreiben. Ungezählte Neugierige pilgerten auf der Chaussee nach Steglitz und von da auf dem Weg nach Lichterfelde, zum Rennplatz, zu Fuß hinaus. Von der neu errichteten Tribüne, die 1100 Zuschauer faßte, soll dieser ununterbrochene Zug von Wagen, Reitern und Fußgängern einen malerischen Anblick geboten haben. Schon damals waren die Berliner früh auf den Beinen, wenn es etwas zu sehen gab. Denn zwei Stunden vor dem offiziellen Beginn, um 7 Uhr also, wurden bereits 280 Wagen gezählt, um 8 Uhr war die Tribüne voll besetzt. Kurz vor Beginn erschien der König mit sämtlichen Prinzen und Prinzessinnen seines Hauses in Begleitung der Kaiserin von Rußland. Der Kronprinz übernahm persönlich das Richteramt.

Im Jahre 1853 veranstaltete man in Berlin schon sieben Renntage, und zwar im Juni und September. 1866 kam es dann zur Vereinigung der gesamten preußischen Vollblutzucht – die vorher auf Trakehnen, Graditz und Neustadt/Dosse verteilt war – in Graditz bei Torgau. Damit war die Grundlage geschaffen für den großartigen Aufschwung, den die Vollblutzucht des preußischen Staates in den achtziger und neunziger Jahren, vor allem unter Leitung des Grafen Lehndorff, nehmen sollte.

Der Rennsport selbst war zu dieser Zeit noch nicht gefestigt. So kam einem Manne, der endlich zur Vereinigung in einer starken Körperschaft aufrief, besondere Bedeutung zu. Dieser Mann war Fedor André, der Mitbegründer und Herausgeber der Vollblut- und Rennfachzeitschrift »Sporn«. Er gilt als einer der bedeutendsten Schriftsteller und Organisatoren auf hippologischem Gebiet und hatte sich damals voll und ganz der Sache des Pferdes verschrieben. Er ritt auch selbst Rennen und wurde dazu ausersehen, bis zur Bestellung eines beamteten Generalsekretärs die Geschäfte der neuen Körperschaft, des Union-Klub, zu führen.

Damals waren es vor allem die Offiziere der Armee, die aktiv den Rennsport trugen; nach dem Ersten Weltkrieg ergab sich eine andere Entwicklung. Neben den Amateuren stiegen mehr und mehr auch Berufsjockeys in den Rennsattel, und von da ab wurde der Rennsport erst eigentlich populär.

Interessant ist in diesem Zusammenhang, wie sehr sich die Größenmaße bei den Rennpferden entwickelten: Die Durchschnittsgröße der Vollblüter ist in den letzten 200 Jahren um durchschnittlich 15 Zentimeter gestiegen. Um 1700 hatten die Rennpferde in England ein Stockmaß von 140 bis 145 Zentimetern, heute steht der Durchschnitt auf 1,60 m, und Maße von 1,70 gehören nicht mehr zu den Seltenheiten.

Von wesentlicher Bedeutung ist die Entwicklung des Wettbetriebs auf den Rennbahnen. Ohne ihn gäbe es keine Vollblutzucht und keinen Rennsport.

Die ersten Rennen sind in des Wortes doppelter Bedeutung »um die Wette gelaufen« worden. Die Pferde liefen sportlich gegeneinander und außerdem um die Wette ihrer Besitzer, die ihre Überzeugung von dem Können ihres Pferdes mit einem Geldeinsatz bekräftigten. Die ersten Wetten lauteten Einsatz gegen Einsatz, doch werden auch mehrere gegen einen gewettet haben. Aus diesen Privatabschlüssen entstand allmählich das Wettgeschäft, das bis zur Einführung des Totalisators ausschließlich von Buchmachern betrieben wurde.

Beim Totalisator (franz. totaliser = alles zusammenzählen) ist der rechnerische Vorgang der, daß alle Wetteinsätze nach Abzug der Steuer wieder an die Wetter der siegreichen bzw. placierten Pferde ausgezahlt werden. Seit 1872 besteht die Siegwette, seit 1893 die Platzwette, seit 1936 die Einlaufwette.

Die Vollblutzucht, auf der der größte Teil des Rennsports basiert – nur ein kleiner Teil wird durch sogenannte Halbblüter getragen –, verlagerte sich aus vielfachem Einzelbesitz immer mehr auf größere und ganz große Gestüte, deren Produkte den Sport mehr oder weniger beherrschten.

Das staatliche Vollblutgestüt Graditz, heute in der DDR weiterhin in Betrieb, gehörte jahrzehntelang zu den führenden Rennställen. Seine Stall- und Jockeydreß-Farben schwarz-weiß waren international im Gespräch. Schlenderhan, Haniel, Weil, Waldfried, Ravensberg, Mydlinghoven, Erlenhof, Röttgen, Zoppenbroich, Ebbesloh oder Asta sind weitere Namen bedeutender deutscher Vollblutgestüte und Rennställe.

Wie stark der Zauber der Rennbahnatmosphäre einen naturliebenden Menschen beeindrucken kann, hat der australische Jockey Johnstone in den nach Beendigung seiner sportlichen Karriere verfaßten Erinnerungen im Jahr 1958 überzeugend ausgesprochen. Er beschreibt, wie er als 13jähriger Junge zum erstenmal in seinem Leben mit seinem Vater die Rennbahn in Canterbury besuchte: »Als wir auf der Bahn ankamen, war ich so grün wie der Rasenteppich, auf dem das zu erwartende Schauspiel vor sich gehen sollte. Aber das hielt nicht lange an. Wie soll ich dem Leser meine Eindrücke beschreiben? Allein das ganze Drum und Dran machte mich, obwohl ich von seiner Bedeutung nichts wußte, nahezu betrunken. Das Auf und Ab der bewegten Menge, das Paradieren der Pferde mit ihrem wie Seide glänzenden Fell vor den Tribünen, ihr wie vom Bewußtsein ihres Könnens geladenes Aussehen, die bunten Jacken der Jockeys und ihr anscheinend so unbeteiligtes Gehabe, die Aufregung des eigentlichen Rennens, der Applaus der Zuschauermassen ... um es kurz zu machen: der Glanz eines Renntages, der in meinen Augen alles überstrahlte. Ich war hingerissen und wünschte mir nur noch eines: Jockey zu werden!«

Den Glanz eines Renntages sieht in erster Linie der unbefangene Zuschauer. Er merkt wenig von den Sorgen der Rennvereine, der Rennstallbesitzer, Trainer und Züchter. Er sieht die hochklassigen edlen Pferde, die ihre Abstammung über Jahrhunderte zurück nachweisen können, den Glanz der großen Gesellschaft, das Wettgeschäft mit seinen oft riesigen Summen und die oft hohen Geldpreise für die jeweils fünf besten Pferde eines Rennens. Aber er weiß nichts von den Kosten, die aufgewendet werden müssen, um eine Rennbahn fachgerecht in Ordnung zu halten, oder davon, daß nur ein winziger Bruchteil aus den Wetteinnahmen von der Steuer an die Rennvereine zurückfließt. Und er ahnt auch nicht, welch einen Aufwand die Züchter treiben müssen, um aus einem Viel an Mutterstuten und Hengsten jene Pferde zu züchten, die später zu den wenigen Siegern gehören. Man muß da also viel »Abfall« in Kauf nehmen, um wenigstens von Zeit zu Zeit einmal ein wirklich großes Pferd dabeizuhaben. Von den jährlich hereinkommenden Geldpreisen ein Gestüt laufend zu unterhalten, ist jedenfalls in Deutschland kaum einer Zuchtstätte möglich.

Die Rennvereine wiederum müssen die Geldpreise aufbringen und sie natürlich auch dann auszahlen, wenn infolge von Witterungseinflüssen oder Terminüberlagerungen durch andere sportliche Ereignisse die Zuschauerzahlen wesentlich geringer ausfallen, als dies an sich erforderlich ist. Die Trainer müssen Hustenepidemien oder andere Pferdekrankheiten der Pferde in Kauf nehmen und stehen nicht selten vor der Tatsache, daß ihre Favoriten an Beinschäden laborieren.
Das große kommerzielle Geschäft, das der Außenstehende so gern im Rennsport vermutet, ist nur eine Vermutung, keine Realität. Es ist hier ähnlich wie im Turniersport: Eine große angeborene Passion trägt alle Beteiligten, die zwar vereinzelt vorübergehende Gewinne erzielen, in der Masse aber laufend Geld hineinstecken, um ihr Hobby lebendig zu erhalten, das für sie einen entscheidenden Lebensinhalt bedeutet.
Die Jockeys, die überwiegend Berufsreiter sind und in bunter Seide alle Blicke der Rennbahnbesucher auf sich lenken, wobei die Träger großer Namen in Sprechchören vom Publikum begrüßt werden, müssen sich länger als andere Sportler im allgemeinen fit erhalten. Zunächst ist ihr Gewicht, ihr Leichtgewicht nämlich, von ausschlaggebender Bedeutung, ob sie einen Start bekommen. Kein Trainer wird nämlich sein Pferd auch nur um ein halbes Kilo mehr belasten, als dies aufgrund des gerade gültigen Ausgleichs notwendig ist. Diese Gewichte bewegen sich im allgemeinen nicht über fünfzig Kilogramm hinaus. Und das bedeutet für die Jockeys, daß sie über Jahre und Jahrzehnte ihr Gewicht halten müssen. Das bedeutet zugleich auch eine große Enthaltsamkeit im Essen und Trinken. Das bedeutet Schwitzbäder und Geländeläufe, harten Einsatz, Woche um Woche, an einem Tag oft in mehreren Rennen auf verschiedenen Pferden, das ganze Jahr hindurch.
Pferderennen sind nicht allein Selbstzweck, wie so mancher vermutet. Alle Pferdezuchten der Welt, die nicht auf reiner Vollblutbasis stehen und von denen wir schon hörten, sind zeitlebens auf eine bestimmte Zufuhr reinen Vollbluts angewiesen, um den Adel ihrer Pferde zu erhalten, den Härtegrad immer wieder zu festigen und verschwommen werdende Konturen durch die klare und

trockene Modellierung des Vollbluts wiederherzustellen. So geht auch jährlich immer eine bestimmte Zahl von Vollbluthengsten in die warmblütigen Landespferdezuchten hinein, und damit haben die Vollblutzuchten in aller Welt eine entscheidende Aufgabe zu erfüllen.

Hierbei liegt es auf der Hand, daß selbstverständlich nur renngeprüfte und rennbewährte Hengste zur Einstellung gelangen. Die Rennen sind also Sport und Zuchtauslese zugleich. In allen Landespferdezuchten gehen die berühmtesten Blutlinien, aus denen auch die großen Turnierpferde im Springsport, in der Military und in der Dressurreiterei hervorgehen, auf namhafte Vollbluthengste zurück. Vielfach haben sie einen Vollblüter unmittelbar zum Vater und dann jeweils eine hannoversche, holsteinische oder westfälische Mutter.

Alle Zuchtrennen sind ausschließlich Flachrennen. Sie bilden einen wesentlichen Bestandteil aller großen klassischen Rennen überhaupt. Man schließt hier ganz bewußt das Rennen über Hindernisse aus, um unter Ausschaltung von Zufällen die reine Höchstleistung über bestimmte Distanzen prüfen zu können. Bei Hindernisrennen würden Stürze, Behinderungen oder andere Zufälligkeiten das tatsächliche Leistungsbild verwischen.

Der Start zu einem Rennen ist immer von einer gewissen Problematik, weil es naturgemäß nicht einfach ist, eine ganze Reihe von Pferden, die darauf fiebern, um die Wette zu laufen, gleichzeitig so unterschiedlos in Front zu haben, daß jedes Pferd voll zu seinem Recht kommt. Da die Pferde fast ausnahmslos ein ruhiges Stehen an der Startlinie unmöglich machen, sondern durch ständiges Tänzeln, Davonstürmenwollen oder Kehrtmachen durcheinanderwirbeln und sich gegenseitig behindern, werden sie unter Starters Order auf einem Kreisbogen im Schritt geritten, dann auf besondere Order gleichzeitig zur Startlinie hin gewendet, um dann für das Rennen abgelassen zu werden, sofern »die Richtung einigermaßen stimmt«. Hierbei ist die Startlinie mit einem Startband überspannt, das im Augenblick des Rennbeginns hochschnellt. Bei Fehlstarts wird das Feld angehalten und neu gestartet. Neuerdings will man in Deutschland die im Ausland schon vielfach eingesetzten Startmaschinen benutzen. Hierbei werden die Pferde in eine Art Box hineingeritten (Box neben Box), bei der sich zum Start die vordere Begrenzung öffnet, ähnlich wie bei Windhundrennen.

Abschließend sei hier ein Erlebnis des irischen Trainers Attey Persse wiedergegeben, das deutlich machen soll, wie primitiv früher der Rennsport auf kleineren Bahnen bisweilen gehandhabt wurde, um daraus zu ermessen, wie komfortabel sich der Rennsport bis heute entwickelt hat. Attey Persse schreibt in dem Buch »Vollblut« (v. Charles de Beaulieu):

»Der amüsanteste Zwischenfall, den ich auf einem jener Rennplätze erlebte, trug sich in Oughtergard zu. Es hatte da ein sehr erbittertes Finish zwischen einem Rappen und einem Schimmel gegeben. Der Zielrichter waltete seines Amtes, auf einem leeren Bierfasse stehend. Er hatte eine gehörige Portion Alkohol im Leibe und machte einen ziemlich verlegenen Eindruck, denn rechts von ihm standen, mit soliden Eichenheistern bewaffnet, die Leute, die den Schimmel gewettet hatten, und links die Wetter des Rappen, ebenso ausgerüstet. Daß er von der einen oder andern Partei Prügel zu erwarten hatte, wenn sein Urteilsspruch gegen sie ging, konnte man auf allen Gesichtern lesen. Die beiden Gäule waren dicht nebeneinander ins Ziel gegangen, und nur der Richter war imstande zu sagen, wer gesiegt hatte. Was nun in dessen Kopfe – und es war wie gesagt ein schwerer Kopf – vorging, das konnte man nur mutmaßen. Vielleicht hatte er so viel Whisky im Leibe, daß er tatsächlich nur ein Pferd sah, vielleicht glaubte er auch, es sei am besten, seinem allen Irländern angeborenen Mutterwitz freien Lauf zu lassen. Auf alle Fälle war das Resultat verblüffend. Der Richter schrie plötzlich: ›Der Schecke hat gewonnen!‹ Im selben Moment sprang er vom Faß und riß aus, und die beiden gegnerischen Parteien machten mit ihren Knüppeln das Resultat unter sich aus. Man einigte sich auf ›Totes Rennen‹. Der Urteilsspruch des Richters blieb also zu Recht bestehen.«

Ostfriese

Noriker

Westfale

Haflinger

Ostfriese, der Oldenburger Wirtschafts- und Kutschrasse sehr ähnlich; im allgemeinen noch etwas schwerer. Allmähliche Veredelung durch Araber, dann vornehmlich durch Hannoveraner und Vollblüter. Heute Hannover angeschlossen.

Westfale, weitgehend aus hannoverschem Blut entstanden und geprägt. Moderne Warmblutrasse; gutes Erfolgspferd im Sport. Landgestüt Warendorf.

Noriker, kaltblütiges Gebirgspferd aus den Alpengebieten Bayerns und Österreichs. Von den Salzburger Bischöfen unter Einkreuzung spanischen und neapolitanischen Blutes gezüchtet. Tigerschecken sind heute selten.

Haflinger, Gebirgspferderasse in kleinerem Format aus dem Südtiroler Raum. Schon im Mittelalter orientalisch beeinflußt. Im 14. Jh. urkundlich erwähnt. Überaus praktisch und vielseitig verwendbar. Weltbekannt.

Ostfriese
Noriker
Westfale
Haflinger

Nonius
Rheinisches Kaltblut
Hackney
Boulonnais

Rheinisches Kaltblut

Nonius, ungarische Gebrauchsrasse auf normannischer Basis seit 1814; Reit- und Wagenpferd praktischen, ausdauernden Typs. Trockenes Pferd mit meist flacher Muskulatur.

Hackney, Spezialrasse für den Wagen. Hohe Aktion der Vorder- und Hintergliedmaßen von bestechendem Ausdruck. Hochaufgerichtete Haltung. Kommt aus der Rasse der Norfolk-Trotter. Zentrale in London.

Rheinisches Kaltblut, schwerstkalibriges Arbeitspferd (Gewicht ca. 1 t) auf belgischer Zuchtbasis. Heute, wie auch alle anderen Kaltblutrassen, fast völlig ausgestorben.

Boulonnais, schweres kaltblütiges Arbeitspferd. In Frankreich unter Beimischung arabischen Blutes gezüchtet. Lebhafte, energische Bewegungen. Hat Seltenheitswert; Schimmelfarbe dominiert.

Polospiel

Das Polospiel gehört zu den ältesten Kampfspielen der Welt. Die Perser kannten es in ähnlicher Form bereits im 6. Jh. v. Chr.; bei den Römern und Griechen wurde es nicht gepflegt, wahrscheinlich durch die noch mangelhafte Reitkunst dieser Völker bedingt. Vom kleinasiatischen Raum her kam das Polospiel in der neueren Zeit nach Indien und zu den Reitervölkern Ostasiens (Dschingis-Khan sei hier erwähnt). Von Indien brachten es die Engländer im 19. Jahrhundert nach Europa. Der erste Poloklub der englischen Armee in Indien wurde im Jahr 1859 gegründet, zehn Jahre später spielten englische Offiziere zum erstenmal Polo in England selbst. Weite Verbreitung fand es dann besonders in den lateinamerikanischen Ländern, die neben Indien Meister im Polospiel stellen.

Polo ist ein Ballspiel. Der aus Bambus- oder Weidenwurzeln bestehende Ball wird mit Hilfe eines langen Stocks, der mit einem hammerartigen Kopf versehen ist und daher Polohammer genannt wird, in das gegnerische Tor getrieben. Zu einer Mannschaft gehören vier Spieler; das Feld muß eine Größe von 275 × 145 Metern haben. Sieben Spielabschnitte, Chukker genannt, gehören zu einer Begegnung. Jeder Chukker dauert acht Minuten. In der Pause von drei Minuten müssen die Pferde gewechselt werden, die nicht in mehreren Chukkern nacheinander geritten werden dürfen, denn das Spiel ist sehr schnell. Es erfordert Konzentration und viel Geschicklichkeit. Vor- oder Rückwärtsschläge aus seitengleicher Hand oder über den Pferdehals hinweg sowie Treibschläge zur Seite unter dem Hals und hinter der Hinterhand entlang können dabei vom Reiter angewandt werden. Eine der wichtigsten Regeln ist, daß die Lauflinie des Balles nicht gekreuzt werden darf, sonst verliert der Spieler jedes Recht auf den Ball. Ein schwieriges Manöver ist das Abdrängen oder Abreiten des Gegners, um dicht und parallel zur Ball-Linie reiten zu können und im spitzen Winkel auf den Ball selbst zu treffen.

Der erste deutsche Poloklub wurde 1898 in Hamburg gegründet. In den Olympischen Spielen von 1908, 1924 und 1936 wurden Wettkämpfe im Polospiel durchgeführt. Doch weder in Deutschland noch in anderen Industriestaaten konnte es sich mit Erfolg behaupten. Nach dem Zweiten Weltkrieg wurde von Hamburg und Frankfurt aus der Versuch unternommen, diese Sportart neu zu beleben, er blieb aber ohne nennenswerten Erfolg. Der Aufwand der Pferdehaltung und Anlagen entspricht in unserer Zeit nicht dem ideellen Gewinn und den Gegebenheiten. In kleinem Kreis wird das Polospiel auch weiterhin gepflegt; so gibt es zum Beispiel in Berlin-Frohnau den riesigen und schön angelegten Poloplatz mit Ställen, Reitbahn und Restauration.

Reitjagden

In der Jagdreiterei pflegen wir die wohl älteste Form der Zusammenarbeit zwischen Mensch und Pferd. Zu allen Zeiten haben Völkerstämme ihre Pferde rücksichtslos zum Krieg oder zur Jagd eingesetzt. Mit den Jahrhunderten änderten sich die Methoden: aus Kampf wurde Sport, und obgleich noch heute vereinzelt schwere Jagden geritten werden, so bleiben sie doch auf wenige Gebiete beschränkt. Dafür trat das Zeremoniell wieder mehr in den Vordergrund. Die Reitjagd durch Feld und Wald wurde zur sportlichen Betätigung ohne jeden Wettkampfgedanken. Es geht hier nur ums Mitmachen, Durchhalten und Ankommen.

Parforcejagden – Jagden auf lebendes Wild zu Pferde hinter einer Meute – sind zwar in England, Frankreich und in der italienischen Campagna noch gebräuchlich, in Deutschland jedoch durch das Jagdgesetz verboten. Schleppjagden lösten sie ab, wobei die Spur des lebenden Wildes durch eine Fuchslosung ersetzt wird. Die wenigen noch in Deutschland stationierten Meuten bestehen aus Hunden mit berühmtem Stammbaum, der über Jahrhunderte hinweg zu verfolgen ist. Windhunde besonderer Art wurden schon im alten Rußland zur Hasenjagd eingesetzt. Bei uns sind es neben den Foxhounds die ähnlich gezeichneten, aber kleineren Beagles.

Die Hunde einer Meute werden in Koppeln zusammengefaßt, das heißt, zwei Hunde sind durch Riemen oder Ketten aneinandergekoppelt. Der Huntsman mit zwei Pikören ist verantwort-

lich für die Meute und hat dafür zu sorgen, daß sie stets geschlossen bleibt. Sein Stolz ist eine Meute von möglichst gleichförmigen Hunden; besonders stolz ist er, wenn es ihm gelingt, durch Namensruf einen oder mehrere Hunde aus der Gemeinschaft heraus zu sich zu rufen. Die Pflege dieser Hunde und die Arbeit mit ihnen ist eine schwierige Aufgabe. Jede Meute hat ihren Kopfhund. Fremdlinge, die für längere Zeit nicht dazugehörten und so einen fremden Geruch angenommen haben, sind durch die harten Gesetze innerhalb der Meute fast verloren. Bei den Kämpfen um die Rangordnung kam es nicht selten zu tödlichen Bissen.
Der Master, dessen Anordnungen stets zu befolgen sind, folgt der Meute mit den Ehrengästen. Nach dem Aufsitzen und der Begrüßung durch den Master blasen die Jagdhörner zum Aufbruch der Jagd. Abseits der Wege geht es nun im freien Galopp über Gräben und Wälle, durch Wälder und über Felder. Die Meuten sind auf einen bestimmten Geruch eingeschleppt, außer der Wildlosung kann es auch Anis oder etwas Ähnliches sein. Am Sattel eines Reiters wird entweder ein Kanister, aus dem die Geruchslösung tropft, oder aber ein mit Lösung getränkter Ball befestigt. Der Hund, der die Fährte zuerst aufgenommen hat, gibt durch sein Geläut das Kommando, und nun jagt die ganze Meute auf der Fährte. Um den Anschein aufrechtzuerhalten, daß die Jagdgesellschaft »echtem« Wild folgt, lenkt der Reiter, der die Geruchslösung mit sich führt, sein Pferd oftmals durch seitliches Abspringen von der Fährte ab. (Ein Hirsch bringt es bei einem seitlichen Sprung sogar auf mehr als sieben Meter.) Nun muß die Meute erneut die Fährte suchen. Durch den so eintretenden Stopp oder Check können die Pferde bis zur Wiederaufnahme der Spur etwas verschnaufen.
Während der ganzen Jagd führt der Master, der nicht überritten oder überholt werden darf, die Jagdteilnehmer an. Eine Regel gilt für alle: in jedem Fall muß auf Lücke geritten werden, ein Hintereinanderreiten ist verboten. Es muß streng Strich geritten und gerade gesprungen werden, denn es darf nicht zum Kreuzen des Weges eines anderen Pferdes kommen. Durch schrägspringende Pferde sind bei solchen Jagden die meisten Unfälle ver-

ursacht worden. Hat ein Reiter seine Mühe mit einem heftigen Pferd, so muß er es an den Rand des Feldes lenken und in einer großen Volte herausreiten, bevor er wieder anschließt.
Wenn nach fröhlicher Jagd das Wild von der Meute gestellt und verbellt worden ist, ertönt das »Halali«. Woher dieser Ausruf kommt, ist bis heute noch nicht vollständig geklärt. Das »Halali« gleicht phonetisch sehr der arabischen Grußformel über die Größe Allahs, und hiermit wäre ein Zusammenhang schon denkbar. Während die Hörner das Signal blasen, widmet der Reiter sich wieder ganz seinem Pferd, lockert die Gurte oder sattelt ab. Auch die Meute kommt nicht zu kurz – weidlich wird um das Curée in Form von Fleischstücken gerauft; das Curée entspricht den Innereien des aufgebrochenen Wildes. Alle Reiter, die den Halali-Platz glücklich erreicht haben, erhalten vom Jagdherrn den Eichen- oder Tannenbruch und bei herbstlichem Wetter meist noch einen stärkenden Schluck Klaren dazu.
Bei manchen Reitjagden muß man heute auf die Meute verzichten. Statt dessen wird der Fuchs von einem Reiter dargestellt, zwei andere reiten als Hunde. Beliebt ist auch die Schnitzeljagd, bei der die Fährte durch kleine Papierschnitzel markiert wird. So ergeben sich abwechslungsreiche Strecken mit Absprüngen und Hindernissen, und der verfolgende Reiter muß selbst die Fährte finden.
Jagden werden den ganzen Spätsommer und im Herbst, oft auch im frostfreien Winter, geritten. Die Saison endet eigentlich erst, wenn Eis und Schnee das Gelände erstarren lassen. Als Höhepunkt des Reiterjahres und zugleich als Jahresabschlußjagd gilt überall die Hubertusjagd, die möglichst um den 3. November herum, den Tag des Hl. Hubertus, veranstaltet wird. Jagdklubs und Schleppjagdvereine, Gestüte und vereinzelt auch Bundeswehrgarnisonen sorgen für das Wachhalten jagdreiterlichen Brauchtums. Der rote und der schwarze Rock beherrschen das farbenprächtige Bild, und oft folgen viele Zuschauer im Auto den Jagdteilnehmern von Aussichtspunkt zu Aussichtspunkt.

Das Pferd - gestern - heute - morgen

Im Altertum

Die frühesten Darstellungen von Pferden, die wir kennen, wurden in Höhlen entdeckt. Mit Holzkohle und Erdfarben (Ocker, Rötel und schwarzer Manganerde) wurden Bilder von Bisons, Keilern, Hirschkühen und Pferden auf Decken und Wände von Höhlen gemalt, und zwar von Menschen der Altsteinzeit vor etwa 10000 Jahren. Die Bilder sind magisch-kultischen Ursprungs, denn sie stellen einen Jagdzauber dar, eine Beschwörung zur Erlangung von Jagdglück und Wildreichtum. Die schönsten Höhlenmalereien sind in Altamira in Nordspanien und in Lascaux in Südfrankreich gefunden worden. Wir können von diesen Bildern auf die Größe des Urpferdes im Vergleich zu den anderen Tierarten schließen: Das Urpferd war wesentlich kleiner, es hatte nur Doggengröße.

Das geschichtliche Altertum kannte die nomadischen Reitervölker aus dem Innern Asiens und die alten Kulturvölker. Sie haben im Vorderen Orient ihre Kriegszüge bereits mit Streitwagen, von Pferden gezogen, unternommen. Man sieht sie dargestellt auf Malereien aus Til Barsip am Euphrat aus dem 10. Jh. v. Chr. mit prächtig geziertem Geschirr, eines trägt sogar eine Satteldecke aus Leopardenfell. Auch Reliefs aus Ninive zeigen beispielsweise den Herrscher Assurbanipal (7. Jh. v. Chr.) auf einem Wagen stehend, der von Pferden gezogen wird. Es ist eine Spazierfahrt oder Besichtigungsreise, denn die Begleiter tragen kaum Waffen. Ein Sonnenschirm schützt den Herrscher vor der Glut, mit Fliegenwedeln wehrt das Gefolge die Insekten ab, die damals wie heute zu den schlimmsten Plagen des Orients gehören.

Auch im alten Ägypten benutzte man meist zweirädrige Wagen

im Frieden und im Krieg. Abbilder davon wurden im Grab des Tut-ench-Amun in Theben gefunden. Sie stammen aus dem 2. Jahrtausend vor Christus.

Das europäische Altertum hinterließ uns zahlreiche Darstellungen von Pferden und Reitern. So sind die Reliefplastiken vom Parthenon der Akropolis in Athen erhalten, auf denen man die Reitkultur der Griechen ablesen kann: Der Reiter sitzt (ohne Sattel und Bügel) genau über den Hinterhufen des Pferdes, zu jeder Wendung bereit, eine Haltung, die sich in der Reitertradition Österreichs, in der Spanischen Hofreitschule in Wien, vollendet.

Auf einem ägyptischen Relief aus Luxor sieht man einen Reiter in der Kampfvolte. Er hat die linke Faust rechts am Pferdehals zur Volte um den rechts stehenden Gegner herum, die Waffe in der rechten Faust.

Diese Kampfvolte war ebenso als Jagdvolte 3000 Jahre lang üblich, von Luxor in Ägypten bis nach Pompeji nachweisbar. Der linke Reiterschenkel drückt das Pferd in die Volte hinein, während der rechte Schenkel die Hinterhand verwahrt. Die linke Hand führt den rechten Zügel dicht am Pferdehals, die rechte Hand ist frei für die Waffe. Der Reiter bewegt sich so, daß der Gegner oder das Jagdopfer sich stets rechts befinden.

Auch auf dem berühmten Reiterstandbild des römischen Kaisers Marc Aurel hat der Kaiser die gleiche Zügelführung. Die freie rechte Hand ist zum Gruß erhoben.

Aus diesen Beispielen wird deutlich, wie sehr der Mensch von jeher bemüht war, ja bemüht sein mußte, seine Pferde an Umwelterscheinungen zu gewöhnen, abzurichten oder zu dressieren, so daß er immer in der Lage war, ein wendiges und gehorsames Pferd unter sich zu wissen, das sich auch mit einer Hand so sicher und leicht führen ließ, daß die rechte Hand zur Führung einer Waffe oder zur Entbietung eines Grußes frei war. Auf diese Dressur wurde große Sorgfalt und viel Mühe verwandt, denn sie war kampfentscheidend und Voraussetzung für den allgemeinen Reitgebrauch. Bei Feierlichkeiten und Paraden, bei denen das Pferd durch Jahrtausende eine entscheidende Rolle spielte, war es darüber hinaus notwendig, daß die Pferde neben Gehorsam und Rittigkeit in ihrer Haltung und in ihren Bewegungen ein stolzes Bild abgaben und ihren Reiter souverän zur Geltung brachten. So wurde zu allen Zeiten auf die Dressur der Pferde hochgestellter Persönlichkeiten großer Wert gelegt, und man halte sich nur einmal vor Augen, welches Entsetzen die Menge gepackt haben würde, wenn beispielsweise ein Herrscher beim Abnehmen einer Truppenparade von einem unerzogenen, nervös gewordenen, steigenden und bockenden Prachtpferd in hohem Bogen auf die Erde befördert worden wäre.

Die Reiterei heute kennt spezielle Dressurprüfungen in den verschiedenen Klassen und Aufgaben, in denen aber praktisch all das verlangt wird, was früher im täglichen Leben und bei jeder Gelegenheit von einem Pferd verlangt werden mußte.

Das Reiten war die Lebensgrundlage der Nomaden- und Hirtenvölker (Germanen, Beduinen, Kirgisen). Die Völker höherer Kulturstufen, wie Assyrer, Ägypter, Griechen, Perser, benutzten auch Wagen, sie übten also die Fahrkunst. Zum Fahren aber gehörten Straßen. Ihre Anlage erforderte Organisation und Planung sowie umfassende Gemeinschaftsarbeit. Es mußte also ein Landesherr oder Machthaber dahinterstehen. Sonst war ein Wagenverkehr nicht möglich. Die notwendigen Arbeiten wurden in den alten Kulturvölkern, besonders im Vorderen Orient, schon sehr früh eingeleitet.

Anfänge des Verkehrs muß man sich etwa so vorstellen: Zuerst liefen Menschen von Haus zu Haus, von Gehöft zu Gehöft, von Dorf zu Dorf. Immer mehr wurde diese Spur ausgetreten, wurde der Pfad zum Weg, dann konnte man auch recht bequem reiten. Schließlich wurde der Pfad mit Steinen oder Holzknüppeln (Knüppeldamm) befestigt und allmählich zu einer Art Straße ausgebaut. (Die Redensart »über Stock und Stein« bedeutet also: es war noch recht mühsam und ein höchst ungleich beschaffener Weg.)

Die bekannteste verkehrstechnische Leistung im Altertum ist Roms Straßennetz gewesen. Es erstreckte sich über 70 000 km in Europa und Asien. Pferde wurden in Relais-Stationen gehalten zur Ablösung der Reitpferde und Gespanne. Herbergen gab es überall im Abstand einer Tagesreise. Benutzt wurden die Straßen

von den Heeresgruppen, von der Post, die damals bereits mit Postsäcken unterwegs war, und für Wagenladungen.
Mit dem Verfall des Römischen Reiches verfielen die Straßen. Zur Zeit Karls d. Gr. (um 800) waren sie kaum noch vorhanden. Man reiste zu Pferde, für kurze Strecken auch in rumpelnden Ochsenkarren oder in Sänften, die von Pferden getragen wurden. Der Zustand der Wege war schrecklich, Morast und gefallene Bäume behinderten das Durchkommen. Es war für jedermann, ob Fürst oder Mann, eine große Strapaze, natürlich auch für die Pferde.

Reitervölker – Rittertum

Als die Reitervölker aus dem Innern Asiens nach Westen vorstießen, war es mit der Zeit der Streitwagen vorbei. Diese asiatischen Reitervölker waren mit leichten Pferden schnell und beweglich. Die Pferde stammten vom Tarpan ab. Die Skythen kamen wahrscheinlich aus Sibirien, waren aber in Südrußland schon um 500 v. Chr. bekannt und begegneten dort den Griechen. Die Griechen meinten, daß die Skythen von den Kentauren abstammten (halb Mensch, halb Pferd), weil sie so ganz mit ihrem Reitpferd zusammengewachsen schienen.
Im Mittelalter waren es die Hunnen, die am weitesten nach Westen vorstießen. Unter Attila unterwarfen sie zahlreiche Germanenstämme und wurden erst bei Troyes in der Champagne (auf den Katalaunischen Feldern) im Jahre 451 geschlagen und fluteten zurück. Attila ist der Etzel der Nibelungensage. Damals ging die Sage, dieser Sieg über die Hunnen konnte nur gelingen, weil die gefallenen Helden zu Pferd in den Wolken weiterkämpften.
Fünfhundert Jahre später, im Jahre 955, wurden die Ungarn von einem Aufgebot aller deutschen Stämme unter Kaiser Otto dem Großen in der Schlacht auf dem Lechfeld (südlich Augsburg) entscheidend geschlagen. Sie gingen anschließend zu einer seßhaften Lebensweise über.
Zu den asiatischen Reitervölkern gehören auch die Kosaken. Seit dem Ende des 14. Jahrhunderts leben sie im südrussischen Step-

pengebiet, im Land der alten Skythen. Hier war der Tarpan zu Hause, hier wurden Pferde dieses Ursprungs gezähmt und gezüchtet.

Die Angriffslust und die Schlagkraft der östlichen Reitervölker – auch die Araber kamen aus dem Morgenland – schmiedeten gleichsam die abendländischen Ritter in ihre eisernen Rüstungen. Europa stand unter dem Zwang, erstmals Reitergruppen aufzustellen, die zur Hauptkampfkraft des Heeres wurden. Ihnen kam schon sehr bald schlachtentscheidende Bedeutung zu. Aber nicht nur dieser militärische Gesichtspunkt machte die Reiter zu Rittern. Starke geistige Anregungen gab dieser Elite die Begegnung mit der ritterlichen Kultur des Orients in den Kreuzzügen. Die Ritter nutzten die ihnen von der Geschichte gegebene Chance. Sie steigerten mit ihrem militärischen Wert auch ihr gesellschaftliches Ansehen. Strenge Zulassungsbestimmungen und ein idealistisches Sittengesetz sicherten ihrem Stande ausgeprägte Exklusivität.

In der Blütezeit des Rittertums, das in Krieg und Frieden reiche Früchte trug, gab es eigenartiger Weise keinen Reitsport im eigentlichen Sinne. Das Reiten war für Ritter wohl zu sehr berufliche Selbstverständlichkeit, als daß es ein sportliches Hobby hätte sein können. Denn auch das Turnier, als Begriff vom modernen Reitsport übernommen, war mehr ein kriegerisches Manöver als ein Sportfest. Der Ritter mußte das Pferd auch ohne Hilfe der Hände, mit denen er Schild und Lanze oder Schwert zu führen hatte, sicher beherrschen. Das Pferd sollte den schweren Panzer sicher tragen können, darauf kam es besonders an. Das Ritterpferd mußte also besonders kräftig und robust sein. Es wurden fast nur Hengste benutzt, vorwiegend aus spanischen, ungarischen und türkischen Zuchten. Leichtere Schläge fanden Verwendung bei der Falkenbeize und bei der Parforcejagd, deren Höhepunkt jedoch schon nach der Ritterzeit lag.

Die Armbrust und die Feuerwaffe machten der militärischen Überlegenheit der Ritter ein Ende. Auf den Schlachtfeldern triumphierte wieder das Fußvolk. Das Reiten behielt jedoch einen adeligen, vornehmen Glanz, auch waren gute Reitpferde niemals billig zu haben. Es entstand in der Renaissance die Lehre einer neuen Reitkunst, die als Grundlage für jede Verwendung des Pferdes gedacht war.

Ritterliche Reit- und Reisesitten

Wegen des schlechten Zustandes der Straßen und Wege war das Reiten noch die angenehmere und sicherere Art der Fortbewegung. Nur alte Herren und manchmal die Frauen bevorzugten den Wagen oder die Sänfte. Sänften wurden zwischen zwei hintereinandergehenden Pferden aufgehängt. Es ging natürlich nur im Schritt vorwärts.

Die Wagenfahrt wurde erst erträglich, als man den Wagenkasten (seit etwa 1350) an Riemen, Ketten oder Seilen federnd aufhängte. Vorher hatte das Rumpeln der starren Achsen auf holperigen Wegen jede Fahrt zu einer Tortur gemacht. Diese ersten Reisewagen waren von außen vielfach reich verziert, mit Baldachinen und Schnitzwerk versehen. Bei den Heereszügen der mittelalterlichen Fürsten (auch der Kaiser von Pfalz zu Pfalz) ritten alle, meistens auch die Damen. Sättel mit hoher Rückenstütze waren üblich, um den Sitz zu erleichtern und Stürze zu vermeiden. Bei Jagdausflügen von kurzer Dauer war dies alles kein Problem, aber bei den langen Reisen von Aachen nach Rom, von Worms nach Mailand beispielsweise, über die Alpen hinweg, erforderte es schon ein großes Maß von Kraft und Geschicklichkeit, das Pferd einigermaßen sicher zu führen.

Von Jugend auf übte der ritterbürtige Knabe das Reiten und zeigte seine Fertigkeit darin in den Turnieren, die allerorten auf Burgen und Pfalzen stattfanden. Man kannte den reiterlichen Zweikampf, den Tjost, bei dem zwei Gegner um Ehre oder Gunst miteinander kämpften. Auf dem Turnierhof waren die Schranken abgesteckt, die Damen sahen von der Galerie aus dem Mut oder Mißgeschick der Ritter zu und spendeten mit Zuruf und Geschenken Beifall. An der Helmzier erkannte man auch bei geschlossenem Visier den Kämpfer. Auch das Roß trug Satteldecke oder Panzerschutz mit den Farben des Ritters. Knappen liefen dazwischen herum und reichten neue Lanzen oder Schilde. Durch die Wucht des Anritts und des ersten Stoßes versuchte jeder, den Gegner »aus dem Sattel zu heben« und auf »den Sand zu legen«. War er noch kampffähig, so ging das Turnier mit dem kurzen Schwert weiter. Beim Zweikampf mit ernstem Motiv ging es bis zur Vernichtung des Gegners. Aber auch beim sportlichen Schaukampf konnte es erhebliche Verletzungen geben, wenn sich eine Waffe im Kettenpanzer oder in einem der vielen Scharniere verhakte, wenn das Pferd stürzte und seinen Reiter unter sich begrub. Überhaupt war der gepanzerte Ritter allein nicht imstande, sich in den Sattel zu schwingen oder nach dem Sturz wieder aufzustehen: daher die große Zahl der notwendigen Knappen auf allen Ritterzügen. Daher gab es kein geringes Ernährungsproblem für jeden Gastgeber solcher Turniere, erst recht natürlich auf den Feldzügen, noch mehr auf den sehr langfristigen Heereszügen in Feindesland, beispielsweise den Kreuzzügen. Die zweite Art des Turniers nach festen Regeln war der Buhurt, bei dem zwei Gruppen von Reitern sich gegenüberstanden und gegeneinander anritten. Er wurde in ganz Europa an allen fürstlichen Höfen geübt. Das Turnieren gehörte zur Ausbildung der Jugendlichen und zur Beschäftigung der Männer, die ja eine andere regelmäßige Tätigkeit (außer der Jagd) nicht ausübten. Dafür waren sie für Kriegszeiten stets trainiert, und es waren auch stets genügend gut gezogene Pferde vorhanden, ebenso Rüstungen und Waffen.

Das Pferd in Amerika

Durch Jahrmillionen trabten die Schwärme der kleinen Urpferde durch die Steppen Eurasiens und haben auch den amerikanischen Kontinent über die damals noch bestehende Landbrücke erreicht. Während aber in Eurasien und Afrika die Ausbildung zum Stamm der Pferde, Esel und Zebras weiterging, brach in Amerika diese Entwicklung aus unbekannten Gründen ab. Das amerikanische Urpferd war nicht länger lebensfähig, und den asiatischen Wildpferden war der Übergang verwehrt, als die Landbrücke im Norden des Kontinents eingebrochen war.
Bis zum 16. Jahrhundert sollte es dauern, bis mit den spanischen Eroberern auch Pferde den Weg nach Amerika fanden. Als

Cortez landete und Mexiko eroberte, hatte er nur 16 andalusische Schlachtrosse mitgebracht. Sie müssen einen ungeheuren Eindruck gemacht haben, wie die aztekische Darstellung einer solchen kriegerischen Begegnung zeigt. Einige von diesen Pferden brachen aus und fanden die Freiheit. Sie bildeten den Grundstock der riesigen Mustangherden, die nach wenigen Generationen völlig verwildert waren.

Aus diesen Herden machten sich die Indianer beritten und wurden so erst durch die »Ausreißer« der spanischen und überhaupt der europäischen Erobererpferde zu Reitern. Erst damit konnten sie auch Büffeljäger werden und die Prärien zu Pferde beherrschen, die ihnen noch bis in das vorige Jahrhundert gehörten. Den ersten europäischen Einwanderern mit ihren schwerfälligen Planwagen waren sie hoch überlegen, und erst mit dem Bau der Eisenbahnen und der Vernichtung der Büffelherden war es mit dem Daseinsraum und dem freien Reiterleben der Indianer endgültig vorbei. Auf einem Indianer-Denkmal in Philadelphia sieht man den indianischen Späher mit demselben rechtsseitigen Kriegszaum der Kampfvolte und der Schenkeltechnik der griechischen Parthenonreiter dargestellt, was sicher einer richtigen Beobachtung entsprach.

Mit der Einführung der Pferde begann die Eroberung der Neuen Welt durch den weißen Mann. Der »Zug nach Westen« der ersten Pionierfamilien und die Urbarmachung der ersten Felder war nur mit Hilfe des Pferdes möglich.

Das Pferd als Zugtier

Wenn auch der Streitwagen in Europa kaum eine Bedeutung hatte, so wurde doch das Pferd bereits von den Römern in immer stärkerem Maße als Zugtier im Transportwesen eingesetzt. Diese Verwendungsweise wurde in Europa seit der Völkerwanderung und der Ritterzeit allgemein. Seither nimmt das Pferd auch in der Landwirtschaft einen festen Platz ein. Der Fahrsport, der bei den Griechen und Römern in höchstem Ansehen stand, geriet im Mittelalter bis in die Neuzeit hinein fast völlig in Vergessenheit.

Mittelalterliches Reisen, auch im Barock noch üblich, wird so beschrieben: Die Kaufmannswagen der Hanse in Norddeutschland, der Fugger und Welser und anderer Kaufherren im Süden hatten ihre erhebliche Mühe durchzukommen, denn nicht nur die Wegeverhältnisse, sondern auch die Unsicherheit erschwerten den Fuhrleuten die Reise. Zornige Bauern verprügelten sie, weil sie auf die Felder auswichen, wenn der Weg grundlos geworden war. Straßenräuber jeglichen Ranges, auch die zu Raubrittern verarmten Burgritter, überfielen solche in Not geratene Wagenzüge. Man fuhr daher auch damals schon gern in »Geleitzügen«, wo einer dem anderen helfen konnte, und hielt sich eine bewaffnete Eskorte. Die Hauptarbeit tat auch da das Pferd, unter dem Sattel oder im Geschirr.

Im Mittelalter und in der Renaissance ebenso wie im Barock, als Reisen zur Bildung des jungen Mannes aus großem Hause gehörten und ihn durch Frankreich, Italien und Griechenland führten, nahm man Reitpferde und Packpferde für den »Studenten«, seinen Hofmeister und die Dienerschaft mit. Sie kamen so besser voran als mit Fahrzeugen.

Fürsten, Gelehrte und Kaufherren waren die Reisenden jener Zeiten, die mit Reitpferden oder mit Wagen unterwegs waren. Seltener waren die großen Reisezüge von Pilgern nach Rom oder einem Wallfahrtsort wie Santiago de Compostela in Nordspanien beritten. Hier ging es meist zu Fuß und daher sehr langsam. Auswanderer wie beispielsweise die Salzburger, die von der Gegenreformation aus dem Salzburger Land vertrieben und vom brandenburgischen Kurfürsten in Ostpreußen angesiedelt wurden, machten diese weite Strecke sicherlich zu Fuß und hatten Wagen mit Pferden oder Ochsen nur für ihre Alten, die Kinder und den Hausrat bei sich.

Noch viele Jahrzehnte lang waren die fürstlichen Reisewagen zwar äußerlich reich verziert, oft mit Baldachinen und vergoldetem Schnitzwerk versehen, aber irgendwelche Bequemlichkeiten waren nicht vorhanden. Im 17. Jahrhundert wurde die erste Kutsche mit Glasfenstern gebaut. Es war der Reisewagen der Infantin Maria bei ihrer Vermählung mit dem Habsburger Kaiser Ferdinand III. In der einzigen Kutsche, die es in Frankreich damals gab, wurde 1610 König Heinrich IV. ermordet. Diese kostbaren, gefederten Kutschen blieben bis ins 18. Jahrhundert eine Seltenheit. Man sieht sie noch zuweilen in den Marstallmuseen der Schlösser, beispielsweise in München, Wien oder Hannover.

Erst als die Pflasterung der Straßen aus Kunstpflaster erfunden wurde (durch den Schotten Mac Adam 1757–1838, daher Macadam), wurden mehrspännige Kutschen allgemein Mode. Bald gab es

die Berline – für alle Gelegenheiten
das Break – offener Wagen für den Sommer
das Coupé – geschlossener Wagen für Stadtverkehr
den Dogcart – einspännig für den Sommer
das Cab – zweirädrig für sportliche Zwecke.

Dann kam der Pferdeomnibus auf Schienen für den Stadtverkehr, Postwagen vom Zweisitzer bis zur Mailcoach, in der ein Dutzend Personen und mehr Platz fanden, bis die Eisenbahn an ihre Stelle trat. Der Kutscher fuhr das Gespann vom Bock oder vom Sattel aus. Der Fahrgast saß – je nach Zahlkraft oder Neigung – meistens in der Kutsche, denn auf dem Bock war man der Witterung (Hitze, Kälte, Regen) schutzlos preisgegeben. Andererseits war es bei gutem Wetter natürlich viel reizvoller, von erhöhtem Sitz her die Gegend zu betrachten und auch von dem »Schwager«, dem Kutscher, manches Wissenswerte zu erfahren.

Bis zuletzt waren die Post- und Reisekutschen aber auf die verhältnismäßig wenigen ausgebauten Straßen angewiesen. Wer mehr von dem Lande erleben wollte, blieb weiterhin beim Reiten. Erst im 18. Jahrhundert wurde aus den Gala- und Luxuskutschen der Fürsten und Adeligen wieder ein Sportfahrzeug entwickelt, und neben den in England aufkommenden Galopprennen kamen Rennen im Traberkarren (Sulky) in Mode.

Das Pferd in der Landwirtschaft

Nur wenige werden sich daran erinnern, welch große Rolle das Pferd noch vor dem Zweiten Weltkriege in der deutschen Landwirtschaft gespielt hat. Die Zahl der Trecker war damals noch

Shirehorse, besonders großer, schwerer Kaltblüter aus Großbritannien. Auch bei ihm sind erhebliche Einbußen zu verzeichnen.

Clydesdale, eine schottische Kaltblutzüchtung, meist von beträchtlicher Größe. Weiße Abzeichen sind häufig. Vom Aussterben bedroht.

Palomino, von spanischen Isabellen abstammend, die im 16. Jh. in Mittelamerika eingeführt wurden. Ziemlich kleines, hübsches Reit- und Kleinwagenpferd; goldfarbener Körper mit weißem Langhaar. Auch in Europa anzutreffen.

Mustang, eine Rasse, die auf die Pferde der spanischen Amerika-Eroberer zurückgeht und wildlebend in Massen die nordamerikanischen Prärien bevölkerte. Als Reitpferd der Cowboys und Indianer bekannt; heute sehr selten.

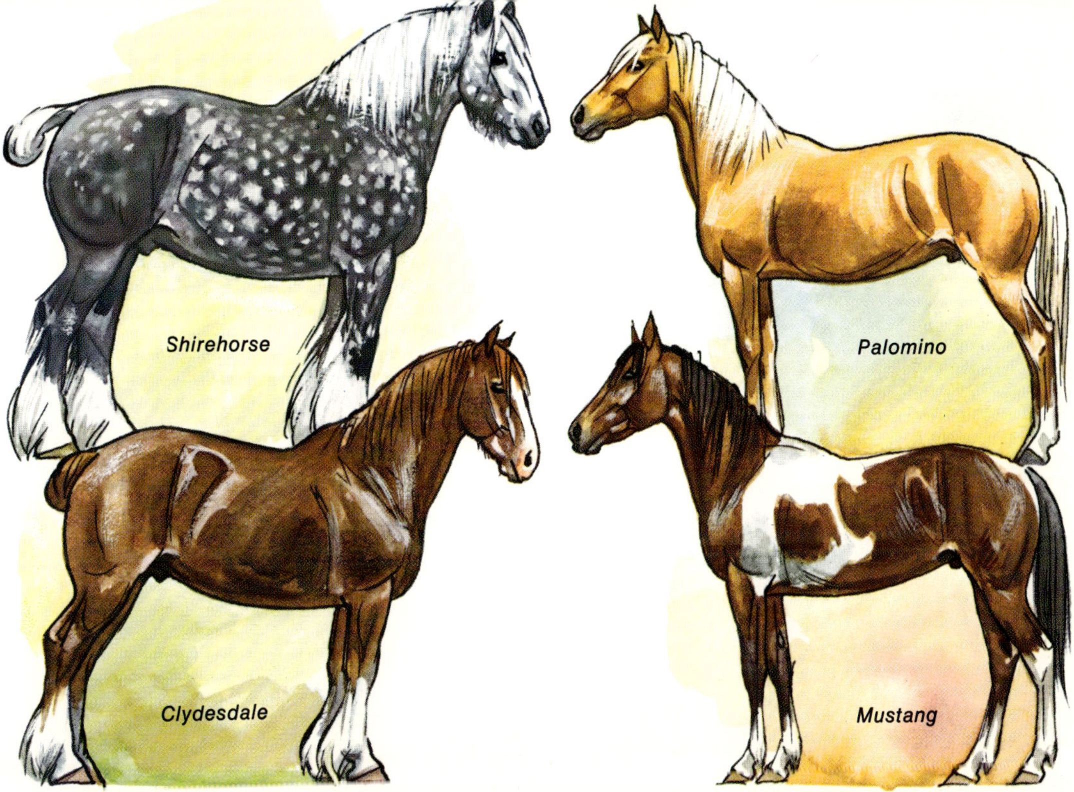
Shirehorse
Palomino
Clydesdale
Mustang

Islandpony
Fjordpferd
Shetlandpony
Urwildpferd

Islandpony, Gebirgspony, hart und trittsicher. Oft etwas derb, aber sehr robust. Wird zu Reitzwecken von seiner Heimatinsel in viele Länder exportiert. Schon zu Wikingerzeiten erwähnt.

Shetlandpony, kleinste Ponyrasse. Sie wird auf den Shetlandinseln gezüchtet, früher in wilder Vermehrung, heute mehr nach Show-Gesichtspunkten. In Europa und Amerika verbreitet.

Fjordpferd, Mittelding zwischen Kaltblüter und Pony im Urtyp. Viel Körper; starke Beine. Norwegische Züchtung. Heute nur noch örtlich, vor allem in Skandinavien, eingesetzt.

Urwildpferd (hier ein mehr neutraler Typ), entwickelte sich hauptsächlich in den Erscheinungstypen des Tarpan, des Przewalskipferdes und des Diluvialpferdes. Heute sind solche Typen vornehmlich im Zoo zu sehen.

sehr klein, und die tierische Zugkraft, in geringem Maße auch aus Ochsen bestehend, erledigte den weitaus größten Teil aller anfallenden Arbeiten. Hierzu wurden auch die Mutterstuten herangezogen, so daß die Leistungszucht gerade auch bei ihnen Charakter- und Temperamentsanlagen sowie den Grad der Leistungsbereitschaft und Leistungsfähigkeit eindeutig und laufend festzustellen vermochte.

Während heute das Pferd nur noch vereinzelt für leichtere Arbeiten am Rande eingesetzt wird, machte es bis 1945 praktisch alles. Dazu gehörten das Pflügen, Eggen und Drillen genauso wie das Mist- und Jauchefahren, das Korn- und Grasmähen, das Heuwenden sowie die Bergung der gesamten Ernte einschließlich der Hackfrüchte. Dazu gehörte auch das Bewegen schwerer Lasten mit Kartoffeln, Korn oder Zuckerrüben zu den Verladestationen oder Zuckerfabriken.

Auf den großen Gütern in Ostpreußen, Pommern und Mecklenburg wurden alle Ackerwagen vierspännig vom Sattel aus gefahren. In der Erntezeit war es keine Seltenheit, daß die langen Leiterwagen angesichts eines drohenden Gewitters oder heranziehenden Regens im Galopp vom Hof auf das Feld gefahren, dort im Akkord beladen wurden und im Trab mit der schweren Last auf den Hof zurückrollten. Dieser Einsatz, bei dem vielfach zwölf, fünfzehn oder zwanzig Gespanne gleichzeitig unterwegs waren, führte zu erstaunlichen Leistungen von Mensch und Tier, die in Gemeinschaftsarbeit nur das eine Ziel kannten, die Ernte so schnell und trocken wie möglich in die Scheunen zu bringen.

Unvergeßlich ist auch das Bild, wenn in der hannoverschen Elbmarsch hochgezüchtete Mutterstuten vierbreit die schwere Mähmaschine durch Wiesen- oder Kornfelder zogen. Und nur noch eine Erinnerung ist es, daß vor den Molkereien eine lange Kette von Pferdegespannen die Milchkannen von den Bauernhöfen an die Rampe fuhren.

Als die Motorisierung an Umfang zunahm, glaubte noch niemand daran, daß das Pferd eines Tages nahezu ganz aus dem Arbeitsgeschirr verdrängt werden würde. So blieb auf lange Zeit die These gültig: Pferd und Motor! Während des letzten Krieges und auch noch in den Jahren danach kam das Pferd in seiner Ar-

beitskraft noch einmal zu ganz großer Bedeutung. Ohne seinen Einsatz wäre es in den Nachkriegsjahren nicht möglich gewesen, die Landwirtschaft lebensfähig zu erhalten und die tierische wie auch die menschliche Ernährung sicherzustellen. Noch später war es dann keine Seltenheit, daß Pferdegespanne festgefahrene Motorfahrzeuge aus dem Dreck herausziehen mußten oder sie bei aufgeweichten Bodenverhältnissen ersetzten. Erst die Vervollkommnung der Technisierung und Motorisierung schloß mehr und mehr auch solche Notwendigkeiten aus. Der Wert der Zugkraft des Pferdes schwand dadurch von Jahr zu Jahr mehr dahin, und die Pferdezuchten stellten sich auf die Erzeugung eines vielseitigen Reit- und Sportpferdes um.
Erfreulicherweise ist heute, da man die Kraft der Motorfahrzeuge nach Pferdestärken (PS) mißt und das Pferd in Landwirtschaft und Verkehr seine Rolle ausgespielt hat, der Fahrsport immer noch ein Bestandteil des Turnier- und Rennsports geblieben.

Das Pferd als Soldat

Daß das Pferd in Jahrtausenden ein wichtiger Helfer des Soldaten war, ist bekannt und weiter vorn auch schon eingehend beschrieben. Wenige werden jedoch wissen, daß die Schweiz heute noch eine Kavallerie unterhält, die voll beritten ist. Auch dürfte es weitgehend unbekannt sein, daß das deutsche Heer im Zweiten Weltkrieg bis 1945 neben bespannten Einheiten und Trossen sowie Infanterie-Reiterzügen noch über zwei Kavallerie-Divisionen verfügte, deren Kampftruppe beritten war. Diese Divisionen setzten sich je aus zwei Reiter-Regimentern, einer Sturmgeschützabteilung, einer bespannten Artillerie-Abteilung und einer Nachrichten-Abteilung zusammen. Jedes Reiter-Regiment umfaßte zehn Schwadronen, von denen jede Reiterschwadron dreihundertzwanzig Pferde besaß. Dazu kamen zwei schwere Schwadronen mit schweren Maschinengewehren und leichten Granatwerfern, die auf Tragtieren oder pferdebespannten Karetten verlastet wurden. Zwei Schwadronen waren Stabsschwadronen der beiden Abteilungen, die das Regiment bildeten.

Die Beweglichkeit dieser Verbände, die auch gegen Kriegsende noch in größeren Frontabschnitten ausschlaggebende Bedeutung hatten, war so groß, daß in Frontabschnitten, in denen durch hohe Verluste oder feindliche Durchbrüche größere Leerräume entstanden waren, diese Kavallerieverbände durch tiefe Einbrüche in den gegnerischen Vormarsch die Lage wiederherstellten.
Die Reiter, deren Einheiten bespannte Trosse folgten, saßen zum Kampf ab. Ein Mann übernahm neben seinem eigenen drei weitere Pferde und begab sich mit diesen in Deckung. Die Troßbespannungen bestanden aus schweren Warmblütern, vorwiegend Hannoveranern und Holsteinern. Die Reitpferde entstammten der ostpreußischen Zucht und wurden bis zum Schluß regelmäßig aus den ostpreußischen Remonteämtern aufgefüllt. Die Tragtiere und Karetten-Pferde standen vornehmlich im Typ des Litauers oder des größeren Panjepferdes.
Heute gibt es in der deutschen Bundeswehr keine berittenen oder bespannten Einheiten mehr, wenn auch in einzelnen Garnisonen das außerdienstliche Reiten gefördert wird.

Die Zukunft des Pferdes

Der Reit-, Turnier- und Rennsport ist heute in aller Welt verbreitet, und zwar in einem Umfang, wie dies früher zu Zeiten des Wirtschaftspferdes nicht der Fall war. Dabei sind die Schwerpunkte verschieden verteilt. In der Bundesrepublik Deutschland steht der Reit- und Turniersport auf einer besonders breiten Basis, und es deutet nichts darauf hin, daß dieser Umfang in absehbarer Zeit eingeschränkt wird. Noch immer werden jährlich in allen Ländern zahlreiche Reithallen errichtet und neue Reitinstitute geschaffen. Die Nennungen zu den einzelnen Turnieren und deren Starterfüllung sind so groß, daß die Turnierveranstalter aus zeittechnischen und unterbringungsmäßigen Gründen oft genug kaum in der Lage sind, diesen Ansturm zu bewältigen. Man arbeitet daher schon mit immer schärfer werdenden Handicaps, um die Turnierfreudigkeit in erträgliche Grenzen zurückzuweisen. In der Schweiz wird in größerem Umfang Reitsport betrieben, und auch Turniere finden regelmäßig und in größerer

Zahl auf niederer und höchster Ebene statt. Hierbei ist die schweizerische Kavallerie ein sehr belebendes Moment. In Österreich hat sich das reiterliche Leben mehr und mehr ausgeweitet.
In England, im Mutterland des Pferdesports, bilden die Pferderennen nach wie vor einen wesentlichen Bestandteil des sportlichen Lebens überhaupt und werden von Zuschauermassen besucht, wie dies beispielsweise im deutschen Rennsport, der sich in letzter Zeit zunehmender Beliebtheit erfreut, kaum vorstellbar ist. Frankreich besitzt noch ein Mehrfaches des deutschen Pferdebestandes und besitzt besonders in seinem Rennsport Weltgeltung.
Die Länder des europäischen Ostens sind dabei, den Reitsport auf eine breitere Basis zu stellen, und auch in der UdSSR blüht der Rennsport. Die USA stehen mit ihrem Rennsport in vorderster internationaler Linie, und auch der Turniersport gelangt zu immer größerer Bedeutung, was nicht zuletzt durch die großen Erfolge der amerikanischen Springequipe auch bei uns in Europa deutlich wird.
Überall ist man bestrebt, Pferdezucht und Reiterei auf einer gesunden Basis zu erhalten. In Deutschland ist dieses Bemühen unter die Devise gestellt »Das Pferd muß bleiben!« Und das Pferd wird auch bleiben überall dort, wo der Mensch es will. Er wird es um so mehr wollen, als Technik und Tempo, die unser Leben bestimmen, das Bedürfnis nach einer natürlichen Betätigung, nach einem Umgang mit einem der edelsten Geschöpfe der Natur, dem Pferd, wachrufen und wachhalten.
Man reitet für seine Gesundheit, für seine Zerstreuung, für sein sportliches Hobby, für die Geselligkeit oder für sein gesellschaftliches Ansehen. Viele Menschen, die sich nicht selbst ein Pferd halten können, teilen sich mit anderen in die Benutzung eines Leihpferdes oder erleben das Pferd als Besucher in Zuchtstätten, bei Reitjagden oder bei Reitturnieren, unmittelbar oder mit Hilfe des Bildschirms oder des Radios.
Die große Zahl der Pferdefreunde in aller Welt vergrößert sich alle vier Jahre und blickt gemeinsam auf die Olympischen Reiterspiele, die den sportlichen Höhepunkt allen reiterlichen Lebens bedeuten.

Kleines Lexikon für Pferdefreunde

Aalstrich, tiefdunkler bis schwarzer Haarstrich, der sich von der Mähne über den Rücken bis an den Schweifansatz erstreckt; eine von der Wildpferdfärbung herrührende Erscheinung; meist harte, widerstandsfähige Pferde.

Abblasen einer Reitjagd durch Hornruf zur Unterbrechung oder zur Beendigung; bei letzterer heißt das Signal Halali.

Abendrennen, bei künstlichem Licht; vielfach im Trabrennsport angewandt, um den berufstätigen Interessenten auch alltags den Besuch zu ermöglichen.

Abläuten, Glockenzeichen vom Richterturm im Augenblick eines gültigen Rennstarts, zugleich das Zeichen, daß keine Wetten mehr angenommen werden; im Turniersport Unterbrechung oder zwangsweise Beendigung eines Rittes.

Abreiten, lösende Arbeit zu Beginn des Trainings oder Vorbereitung für eine Prüfung. Hierfür stehen bei Turnieren neben dem eigentlichen Turnierplatz mit Probesprüngen versehene Abreitplätze zur Verfügung.

Absatzfohlen, ein der Mutter etwa fünf Monate nach der Geburt entwöhntes Fohlen.

Abstammung, Nachweis der väterlichen und mütterlichen Ahnen in einer Stammtafel (Pedigree) durch die Stutbuchabteilungen der verschiedenen Züchterverbände und die staatlichen Landgestüte mittels eines Deck- und Fohlenscheins, der als Urkunde gilt und beim Verkauf fest zum Pferd gehört. Auf ihm erfolgen auch Eintragungsvermerke und Angaben über Besitzwechsel. Alte Zuchten vermögen bei ihren Produkten nicht selten 12 bis 15 Generationen nachzuweisen.

Abzeichen

Flocke

Stern

Keilstern

Strich

Blesse

Schnippe

Milchmaul

Laterne mit Glasauge

weiße Krone

weiße Fessel

weißer Fuß

hochweißer Fuß

Abzeichen, Erkennungszeichen im Haarkleid des Pferdes, meist von weißer Farbe; beispielsweise Stern (auf der Stirn), weiße Fesseln oder weiße Unterlippe; man vergleiche die Anschauungstafel auf Seite 119.

a. d., aus der (Stute x gezogen).

Aktion, Kurve des Bewegungsablaufs; beispielsweise flach aus der Schulter mit geradem Knie oder erhaben aus der Schulter mit zunächst betont angewinkeltem und dann gestrecktem Knie.

Alter, mittels Fohlenschein oder Zahnbeurteilung (siehe Tafel auf Seite 123) festzustellen. Jedes Pferd wird am 1. Januar um ein Jahr älter, auch wenn der Geburtstag beispielsweise erst im Mai liegt. Man spricht von Saugfüllen (bis fünf Monate alt), von Absetzern (vier bis zehn Monate alt), Jährlingen, zweijährigen, dreijährigen, vierjährigen und volljährigen, schließlich von alten Pferden. Leistungspferde haben im Turniersport ihren Höhepunkt meist im Alter zwischen neun und zwölf Jahren, Rennpferde im Alter von vier bis sechs Jahren; Mutterstuten sind vielfach noch im Alter von 14–20 Jahren von guter Fruchtbarkeit, was auch bei den Hengsten zutrifft. Altersspitzen im Sport um 24 Jahre, in der Zucht um 30 Jahre.

Amateur, ein Reiter, der die Unkosten seines Sports ausschließlich aus privater Tasche bestreitet, ohne Gagen für sein Reiten oder regelmäßige Gewinne beim Pferdeabsatz zu kassieren.

Amazone, sagenumwobene Kriegerin zu Pferde im Altertum, Springreiterin.

Amsterdamer Tor, ein Turnierhindernis in V-Form mit dementsprechend verschieden langen Einlegestangen.

Anblasen, Jagdsignal auf dem Waldhorn als Zeichen für den Beginn einer Reitjagd.

Andalusier, spanisches Pferd von hohem Adel mit viel Berberblut.

Angloaraber, Kreuzung zwischen englischem und arabischem Vollblut; Zuchten vor allem in Polen und Frankreich; diese Pferde haben ein x hinter ihrem Namen.

Araber, morgenländisch-orientalische Vollblutrasse, die auch in Europa – besonders Polen – und in den USA teils gestütsmäßig, teils privat rein gezogen wird. Alle Vollblut-Araber führen ein ox hinter ihrem Namen.

Aufgalopp, auch Anwärmungsgalopp, muß vor Beginn eines Rennens an den Zuschauertribünen vorbei bis zum Startplatz hin von allen Startern absolviert werden. Währenddessen können noch Wetten an den Wettschaltern abgeschlossen werden.

Ausgleich, eine gerechte Verteilung der Gewinnchancen im Renn- und Turniersport durch Handicaps; praktische Verwirklichung durch Gewichtvergabe (Blei), gesonderte Nachwuchsprüfung oder andererseits Siegerpreise für die erfolgreichsten Pferde.

Babolna, staatliches Zuchtgestüt für reinblütige Araber und Lipizzaner (im Jahre 1779 gegründet) in Ungarn, südlich von Komorn an der Donau.

Baden-Baden, bedeutender, klassischer Rennplatz a. d. Oos im Schwarzwald mit starker ausländischer Beteiligung und hohen Geldpreisen; 1858 gegründet.

Bahn, abgesteckter Raum für Schulung und Prüfung offen (Platz) oder gedeckt (Halle). Für Dressurprüfungen 20 × 40 m und 20 × 60 m, für Springbahnen beliebig groß; auch die Rennbahnen sind in ihrem Geläuf von unterschiedlicher Länge.

Bandagen, Schutzbinden aus Leinen oder Wolle, die um die Pferdebeine gewickelt werden.

Bandmaß, Größenmaß, das an der Hufsohle angesetzt und über die Schulter bis zum höchsten Punkt des Widerrists geführt wird; Durchschnittswert bei ausgewachsenen Renn- und Turnierpferden: 172 cm. Unterster Wert: 165 cm. Höchstwert: 184 cm.

Belegen, Fortpflanzungsakt.

Bereiter, Berufsbezeichnung nach dreijähriger Lehrzeit; Angestellte, die junge Pferde zureiten oder ausgebildete Pferde im Turniersport herausbringen.

Beschäler, staatlich anerkannter (gekörter) Zuchthengst; Land-Beschäler: Im Staatsdienst befindlicher Zuchthengst.

Beschlag, Benageln der Hufe mit Eisen, um das Horn zu unterstützen und ein Ausbrechen der Hornmasse zu verhindern.

Blender, ein durch sein Aussehen und Gehabe bestechendes Pferd, das in der Leistung nicht befriedigt.

Blistern, scharfes Einreiten »müder« Sehnen mit einem geeigneten Medikament. Durch Erzeugung einer akuten Entzündung soll Heilwirkung erzielt werden.

Blut, Bezeichnung für den Grad von Adel und Härte, zum Beispiel: viel (Voll-)Blut (viel Adel, Nerv und unermüdliche Leistungsfähigkeit), wenig (Voll-)Blut (wenig Adel, mangelnde Härte, geringere Leistungsfähigkeit); Lebensflüssigkeit, bestehend aus etwa 80% Blutwasser, ferner Eiweißstoffen, Salzen, roten und weißen Blutkörperchen sowie Gerinnungskörperchen. Gesamtmenge beim Pferd etwa $^1/_{13}$ bis $^1/_{15}$ des Körpergewichts.

Brandzeichen, entstanden als Eigentumsmerkmale, später von Gestüten und geschlossenen Zuchtgebieten als Markenzeichen eingeführt; durch kurzes Aufdrücken fast glühender Metallteile meist auf dem linken Hinterschenkel angebracht.

Breeches, Hosen mit zweckmäßigem Schnitt für den Reitsitz, in Stiefeln getragen.

Buchmacher, Unternehmer, der – amtlich konzessioniert – Renn-Wetten annimmt.

Bunte Pferde, Pferde mit vielen weißen Abzeichen.

Cadre noir, weltberühmte Dressurquadrille der französischen Reitschule Saumur, so benannt wegen der schwarzen historischen Uniformen der Reiter.

Canter, freier, ruhiger Galopp in gleichmäßigem Rhythmus in leichtem, den Rücken des Pferdes entlastendem Sitz.

Champion, Bester der Besten; bei Pferden und Reitern in Jahreswertungen oder wertvollen Ausscheidungskonkurrenzen.

Veränderung von Gebiß und Kiefer (unten Unterkiefer)

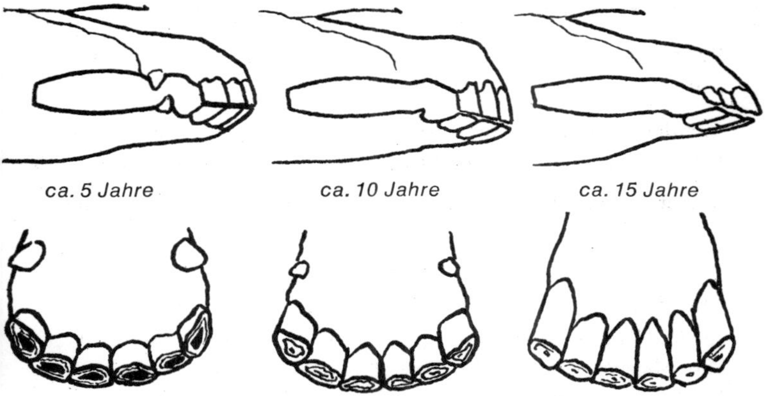

CHIO, Abkürzung von Concours Hippique International Officiel (Offizielles Internationales Turnier), das von der FEI (s. dort) genehmigt werden muß. Jede Nation darf jährlich nur einen CHIO durchführen, und nur hier gibt es jeweils einen »Preis der Nationen«. Der deutsche CHIO findet regelmäßig in Aachen statt.

Coach, vierspänniger hoher Wagen in der Art der alten Postkutsche; heute noch in Fahrkonkurrenzen auf Turnieren benutzt.

Coup, Pokal (aus dem Französischen); beispielsweise Coup Carven, ein auf CHIO an die erfolgreichste Amazone vergebener Pokal der Parfümerie Carven.

Curée, Aufbruch und Vergabe des Wildes nach der Jagd für die Meutehunde als Belohnung für die geleistete Arbeit. In Deutschland wird nicht mehr zu Pferde hinter Wild gejagt, sondern hinter der Schleppe (Lederball zum Verspritzen von Fuchslosung) geritten, auf die die Meute angesetzt wird. Das Curée wird demnach gesondert vorbereitet. Die mit der Verteilung des Wildes verbundene Zeremonie nach dem Halali ist jedoch erhalten geblieben.

Damensattel, aus der Mode gekommener Reitsattel für den Seitsitz.

Debut, Ersterscheinen eines Renn- oder Turnierpferdes.

Deckname, im Renn- und Turniersport zulässige Pseudonymbezeichnung für einzelne Ställe mit mehreren Besitzern oder auch im Einzelbesitz, z. B. »Stall Glücksklee«.

Derby, klassische Zuchtprüfung für dreijährige Rennpferde, 1778 durch den Earl of Derby begründet und seit 1780 in Epsom gelaufen; 1836 übernahm Frankreich diese klassische Prüfung, 1868 folgte Österreich-Ungarn, 1869 wurde das erste deutsche Derby gelaufen. Die deutsche Distanz beträgt 2400 m, die von Hengsten mit 58 kg und von Stuten mit 56 kg Rückengewicht zu laufen ist; später führte auch der Trabrennsport den Derbybegriff ein, und das Spring-, Dressur- und Fahrderbyturnier in Hamburg-Kl. Flottbek übernahm ebenfalls die Derbybezeichnung.

Deutsche Reiterliche Vereinigung (FN), oberste Behörde der Pferdezucht und des Leistungsprüfungswesens (Turniersport) der Bundesrepublik Deutschland, Geschäftsstelle in Warendorf.

DOKR, Deutsches Olympisches Komitee für Reiterei, Sitz Warendorf/Westfalen; wesentliche Aufgaben: Vorbereitung deutscher Reiter und Pferde zur Teilnahme an internationalen Wettbewerben und Olympischen Spielen, Beschickung solcher Wettbewerbe sowie Pflege und Weiterentwicklung der deutschen Reitkunst.

Durchgehen, besinnungsloses Fortstürmen eines Pferdes, das sich aus irgendwelchen Gründen der Kontrolle seines Reiters oder Fahrers entzogen hat.

Durchlässig, die willige, körperlich entspannte Annahme aller reiterlichen Hilfen.

Edel, ausgeprägter Anteil englischen oder arabischen Vollbluts am Gesamtblutgehalt.

Eichenbruch, Ehrenzeichen für das Ankommen jeden Reiters nach der Jagd am Halali; die Verteilung der Brüche erfolgt meistens durch den Jagdherrn.

Eignungsprüfung für Reit-, Jagd- oder Wagenpferde, eine vielseitige Überprüfung von Gebäude, Gangwerk, Ausbildung, Manier und Vermögen der Pferde mit abschließender Wertung und Rangierung.

Einlaufbogen, letzter Bogen, letzte Kurve einer Rennstrecke, bevor diese in die Zielgerade einbiegt.

Einspruch, Anfechten des Ergebnisses eines Wettbewerbs auf seine Gültigkeit; im Reitsport ist die schriftliche Form unter Hinterlegung eines Geldbetrags erforderlich; die Protestgebühr verfällt der Kasse, sofern der Einspruch zu Unrecht erhoben wurde.

Equipe, eine Reitermannschaft im Springsport, die an internationalen Turnieren (CHI und CHIO) unter der Führung eines Equipechefs teilnimmt.

Erlenhof, bedeutendes Vollblutgestüt bei Frankfurt a. M.

Erstling, erstes Fohlen einer Stute.

Exterieur, das äußere Erscheinungsbild, die äußerliche Beschaffenheit eines Pferdes.

Farben, Farben des Haarkleides der Pferde, Jagdfarben bei Ausübung verschiedener Jagdarten, Stallfarben bei Rennställen. An Haarkleidfarben werden als Grundfarben unterschieden: Fuchs, Braunfärbung in verschiedenen Farbtönen von hell bis dunkel einheitlich für Körper, Beine und Langhaar (Mähne und Schweif); Braun, Braunfärbung in verschiedenen Farbtönen von hell bis dunkel mit Schwarzpigment-Schattierungen, schwarzen Beinen und schwarzem Langhaar; Rappen, einheitlich schwarz am ganzen Körper ohne Braunstellen; Schimmel, Pferde aller Grundfarben, in denen sich Schimmelhaare über den ganzen Körper verteilen, um früher oder später die dunklere Grundfarbe ganz zu verdrängen.

FEI, Fédération Equestre International (Internationale reiterliche Vereinigung), in der alle nationalen reiterlichen Vereinigungen (FN) der Welt vertreten sind. Sitz in Brüssel. Der Präsident ist Prinz Philip von Großbritannien.

Ferner liefen, offizielle Redewendung mit Angabe der Pferde, die in einem Rennen unplaciert blieben.

Tiger

Schecke

Fliegenschimmel

Finish, Endkampf (aus dem Englischen).

Fit, durchtrainiertes Leistungspferd, das sich im Zustand höchster Leistungsfähigkeit befindet.

Fjordpferd, kleine, kräftige Gebirgsrasse kaltblütiger Herkunft aus Norwegen, etwa 130–145 cm hoch, genügsam, gewichtig im Geschirr und allgemein willig und treu. Farbe erinnert an Wildpferd, isabellenfarbig, Aalstrich, Zebrastreifen an den Beinen; auffallend die zweifarbige (hell und schwarz), aufrecht stehende Mähne.

Flachrennen, Rennprüfung ohne Hindernisse oder Hürden.

Flieger, ein Pferd, das über kürzere Distanzen sehr schnell ist; im Gegensatz dazu Steher, der über lange Entfernungen schnell bleibt.

Frisieren, Verziehen des Langhaars, um die Muskelpartien und Formen besser und eleganter zur Geltung zu bringen; dabei auch oftmals Einflechten der Mähne zu weißumbänderten Zöpfen.

Fremde Hilfe, verbotene Unterstützung durch einen dritten während eines Wettbewerbs; führt zum Ausschluß.

Full speed, engl., Entfaltung der Höchstgeschwindigkeit eines Pferdes.

Fünfkampf, sportlicher Mehrkampf: Pistolenschießen, 300-m-Schwimmen, Degenfechten, 4000-m-Geländelauf, 5000-m-Geländeritt.

Fundament, Sammelbezeichnung für alle vier Beine eines Pferdes.

Ganaschen, die sich zwischen Unterkiefer und Kehlgang zum Genick hinziehende Partie des Pferdes.

Gaul, vulgäre Bezeichnung für das Pferd; wird heute abwertend empfunden.

Gebäude, anatomische Bezeichnung für den Körperbau des Pferdes.

Geldpreise, im Pferdesport übliche Gewinnsummen, die dem Pferdebesitzer zufallen, um ihn für die Aufwendungen für Unterhaltung, Training und Wettbewerb zu entschädigen. In Form von Züchterprämien werden auch die Züchter der an erster bis fünfter Stelle in Kategorie A placierten Pferde bedacht.

General Studbook, Stutbuch und zugleich Bestimmungsunterlage für das Vollblutpferd, 1793 erstmalig herausgegeben.

Graditz, staatliches Vollblut-Hauptgestüt bei Torgau a. d. Elbe, in seinen Anfängen auf das Jahr 1686 zurückgehend, als Kurfürst Georg III. von Sachsen in Repitz, einem Vorwerk von Graditz, ein kleines Gestüt errichtete.

Grand National Steeplechase, schwerstes Hindernisrennen der Welt; begründet 1836; wird bei Liverpool gelaufen. Distanz rund 6500 m, 32 Hindernisse.

Haflinger, Gebirgspferd, Zug-, Reit- und Tragtier, trittsicher, widerstandsfähig, genügsam; meistens Füchse mit heller Mähne und hellem Schweif; zuerst in Tirol, dann auch in Österreich und Oberbayern gezüchtet; 145–150 cm groß.

Halbblut, edles Warmblut; auch hoch im Blut stehende Rennpferde, die nicht zu 100% Vollblüter sind.

Handicap, Ausgleichsbestimmung zur Erreichung einer möglichst gerechten Gewinnchancenverteilung.

Hands down, engl., d. h. ein Rennreiter gewinnt ein Rennen so überlegen, daß er es im Finish nicht nötig hat, die Hände zu rühren, sein Pferd also voll auszureiten.

Hannoveraner, seit 1735 auf einen bestimmten Typ gezüchtetes Warmblut im größten geschlossenen Zuchtgebiet Europas, dessen Mittelpunkt Verden a. d. Aller, unweit Bremen, ist; Sitz des Zuchtverbandes: Hannover; Landgestüt: Celle; Hengstprüfungsanstalt: Westercelle; Hengstaufzuchtgestüt: Hunnesrück; Internationale Reitpferdeauktionen: Verden/Aller; Hengstkörungen: Verden/Aller; größte Reit- und Fahrschule: Verden/Aller.

Hechtkopf, kurzer, trockener Kopf mit breiter Stirn und Sattelnasenform; bei Pferden mit arabischem Bluteinschlag häufig.

Hengstparade, festliche, öffentliche Vorstellung der Hengste eines Landgestüts an der Hand, unter dem Reiter und im Geschirr; ursprünglich eine Vergleichsschau für die Züchter, allmählich auch eine Show für alle Pferdefreunde. Die bekanntesten Hengstparaden zeigen die Landgestüte Celle (Hannover), Warendorf (Rheinland/Westfalen) und Dillenburg (Hessen).

Hindernisrennen, Gegensatz zu Flachrennen, meist länger in der Distanz als diese und über eine Reihe fester Hindernisse führend. Die drei schwersten Hindernisrennen: das Grand National in Liverpool, das Große Pardubitzer (Tschechoslowakei) und früher auch das v. d. Goltz-Querfeldeinrennen im Hauptgestüt Trakehnen (Ostpreußen).

Hippologie, vom griechischen Hippos (Pferd) abgeleiteter Begriff für Pferdekunde.

Hechtkopf

Keilkopf

Ramskopf

Ramsnase

Holsteiner, mittelschweres bis schweres Warmblut typischer Prägung, seit etwa 1750 planmäßig auf Landesebene gezüchtet; berühmt als Wagenpferd mit hoher Knieaktion, später auch als Springpferd. 1874 Gründung des Landgestüts Traventhal; seit 1960 unterstehen die Hengste dem holsteinischen Züchterverband in Elmshorn.

Hunter, für Jagdzwecke in drei Kaliberstufen gezüchtetes Pferd mit viel Rasse und Muskulatur, großer Springbegabung und einfachem Temperament.

Island-Pony, meist grau bis rötlich bei einer Größe bis 140 cm; seit mehr als 1000 Jahren auf Island gezüchtet und in letzter Zeit auch nach Deutschland exportiert.

Italienischer Springstil, moderner Springsitz, der sich der Bewegung des Pferdes und seiner Form beim Springen geschmeidig anpaßt und dabei den Bewegungsablauf und die Rückenarbeit entlastet; von Frederico Caprilli (1868–1907) entwickelt und um 1920 in Deutschland eingeführt.

Jockey, Berufsrennreiter.

Junioren, Reiter vom vollendeten 12. Lebensjahr ab, die im Jahr der reitsportlichen Veranstaltung das 18. Lebensjahr noch nicht vollendet haben.

Kaltblut, Bezeichnung für das schwere Arbeitspferd, das Schrittpferd; wichtigste Rassen und Schläge sind: Ardenner, Belgier, Boulognaiser, Brabanter, Clydesdale, Jütländer, Percheron, Pinzgauer, Rheinisch-Deutsches Kaltblut, Schleswiger, Shire und Suffolk.

Kandare, Teil der Zäumung, bestehend aus dem Mundstück und den Anzügen. Das stangenartige starre Gebiß hat in der Mitte eine Aufwölbung, die Zungenfreiheit; Wirksamkeit durch Hebelung vermittels Kinnkette.

Kapriole, wörtlich Bocksprung; in der Reitkunst eine Schule über der Erde auf bestimmte Hilfen des Reiters hin.

Kolik, Magen- und Darmbeschwerden bei Pferden, verursacht durch falsche Fütterung oder Erkältung.

Kombination, Verbindung von zwei oder mehr Hindernissen in Abständen von 7–11 Metern zu einem Doppelsprung oder einer mehrfachen Kombination; schwierig infolge der schnellen und – je nach Abständen – unterschiedlichen Absprungfolge, die mit der Zahl der Galoppsprünge (auf »eng« oder »weit«) in Verbindung steht.

Kür, Vorstellung eines Pferdes in einer Dressurprüfung nach freiem Ermessen innerhalb einer festgelegten Zeit unter Erfüllung bestimmter Mindestanforderungen mit Musikbegleitung.

Landstallmeister, Beamter der Pferdezucht, meist Leiter eines Landgestüts.

Longe, lange Leine aus Gurt oder Leder für die dressurmäßige Arbeit eines Pferdes vom Boden aus, wobei das Pferd um den

Longenführer auf beiden Händen abwechselnd (rechts oder links) auf einer Kreislinie in allen Gangarten herumgeht. Zweck: Annahme des Zaumes (Gebiß), Erzielung von Durchlässigkeit, Losgelassenheit, Bewegungsschwung und -takt, Versammlung, Gehorsam.

Martingal, Hilfszügel für Jagd- und Springpferde, der mittels Hebelwirkung (vom Gurt aus zwischen den Vorderbeinen hindurchlaufend) ein zu hohes Tragen oder Hochschlagen des Pferdekopfes mindert oder verhindert.

Materialprüfung, Nachwuchsprüfung für 3- bis 5jährige Pferde, bei denen nicht das Gerittensein oder irgendeine Leistung, sondern lediglich die Qualität des Gebäudes, der Gangarten, des Temperaments und des Gesamteindrucks als Reitpferd bewertet wird.

Maultier, Kreuzung zwischen Eselhengst und Pferdestute; Maulesel: Kreuzung zwischen Pferdehengst und Eselstute.

Mehrspänner, Gespann aus mindestens drei Pferden, wobei allerdings Tandems (zwei voreinander gespannte Pferde) auch zu den Mehrspännern rechnen. Der gebräuchlichste Mehrspänner ist der Viererzug.

Mydlinghoven, namhaftes Vollblutgestüt bei Düsseldorf.

Nationale, genaue Beschreibung des Pferdes nach Herkunft, Abstammung, Alter, Größe, Farbe und Geschlecht.

Nennung, Anmeldung zu einem reitsportlichen Wettbewerb.

Oldenburger, schweres Warmblutpferd im Wagenpferdtyp und Wirtschaftsformat, nachgezüchtet in Holland und Dänemark, Hessen, Bayern und Schlesien, seit 1960 in züchterischer Umstellung auf ein leichteres Vielseitigkeitspferd.

Olympische Reiterspiele, seit 1912 (Stockholm) in das Programm der Olympischen Spiele aufgenommen; bestehend aus der Großen Dressurprüfung, dem Großen Jagdspringen und der Olympischen Military; keine Teilung für Damen und Herren.

Ostfriese, schwerstkalibriger Warmblüter im Wagenpferdtyp, seit 1960 in der Umstellung auf ein Vielseitigkeitspferd auf der Basis des Standardtyps Hannover.

Ostpreuße, Edelpferd der ostpreußischen Landschaft, aufgeartete Landrasse der Schweiken. Seit 1734 mit Gründung des Hauptgestüts Trakehnen »Ostpreußisches Pferd Trakehner Abstammung«, nachdem Trakehnen regelmäßig immer weiter veredelte Zuchthengste an die Landgestüte abgab. Die Veredelung im Laufe von mehr als 200 Jahren erfolgte durch Englische und Arabische Vollblüter.

Oxer, turniermäßiger Hochweitsprung von variabler Höhe und Tiefe, häufig durch Buschwerk in der Mitte gefüllt.

Panjepferd, kleines, äußerst zähes, wenig schönes Pferd des polnischen und russischen Landschlags. Die Bezeichnung entstand im Ersten Weltkrieg und hat sich bis heute gehalten.

Parcours, französischer, in den deutschen Turniersport übernommener Begriff für eine wettbewerbsmäßig aufgebaute Springbahn auf dem Turnierplatz; Einteilung in Klassen nach verschiedenen Schwierigkeitsgraden.

Pedigree, Stammbaum des Pferdes.

Piaffe, Gangart der Klassischen Hohen Schule, gleichsam ein Trab auf der Stelle.

Placierung, Reihenfolge der Wertung in einem Wettbewerb.

Polo, Ballspiel zu Pferde nach gewissen Grundprinzipien des Hockeyspiels.

Pony, Pferd unter 1,30 m Widerristhöhe.

Quadratpferd, Pferd von quadratischem Körperbau; gewünscht wird jedoch das Rechteckformat, so daß also die Körperlänge die Körperhöhe übertreffen soll.

Quadriga, römisches Viergespann vor zweirädrigem Wagen; die vier Pferde sind nebeneinander gespannt.

Quadrille, ursprünglich ein Reiten zu viert in ausgesuchten Hufschlagfiguren nach musikalischer Begleitung, wobei die Momente des Sichbegegnens und Sichtrennens eine effektvolle Rolle spielten. Später wurde der Begriff Quadrille auch für einen »reiterlichen Reigen« mit mehr als vier Teilnehmern verwendet. Der Name Quadrille fand schließlich auch Zugang zum Fahrsport und bezeichnet dort das gleichmäßige Figurenfahren der Gespanne.

Ramskopf, Pferdekopfform mit stark vorgewölbter Nase; der Name stammt von dem englischen Wort ram = Widder (Abb. S. 129).

Rauhfutter, Heu und Stroh.

Remise, Wagenschuppen.

Roßtäuscher, betrügerischer Pferdehändler.

Rumpler, erhebliches Stolpern des Pferdes, meist beim Landen nach einem Sprung, das nicht zum Sturz führt, wohl aber den Reiter aus dem Sattel schleudern kann, der dann den »Rumpler nicht ausgesessen hat«.

Sankt Georg, Schutzpatron der Reiter; unter gleichem Namen auch die älteste deutsche hippologische Fachzeitschrift.

Saugfohlen, neugeborenes Fohlen, das etwa fünf Monate von der Stute genährt wird.

Schrittmacher, pacemaker, das in einem Rennen führende Pferd.

Schubkraft, die Kraft, die das Pferd aus der Hinterhand für die Vorwärtsbewegung entwickelt.

Shetland, Ponyrasse der Orkney- und Shetlandinseln, 100 bis 115 cm groß, auch in Deutschland verbreitet.

Springkanone, Bezeichnung für ein außergewöhnlich gutes Springpferd.

Steepler, Rennpferd in Hindernisrennen.

Stutbuch, amtliches Verzeichnis aller eingetragenen Zuchtstuten eines Pferdezuchtverbandes oder Zuchtgestütes und ihrer Nachkommen mit Eintragungen über Abstammung, Bewertung, züchterische Benutzung und Verbleib der Nachkommen.

Sulky, Rennkarre im Trabersport.

Tattersall, Bezeichnung für ein Reitinstitut, in dem man auf Verleihpferden reiten kann.

Team, Mannschaft.

Totalisator, Toto, der amtliche Wettbetrieb, 1871 in Frankreich eingeführt.

Totes Rennen, Teilung des Sieges oder der Plazierung infolge gleicher Leistung.

Triplebar, Turnierhindernis als Hochweitsprung aus drei hintereinandergestellten, in der Höhe steigenden Ricks.

Überbein, Knochenauftreibung als Folge einer Entzündung; harmlos, wenn es die Funktion von Sehnen und Gelenken nicht stört.

Urpferde, Vorgänger des heutigen Pferdes, in über 30 Varianten als fossile Reste in Ablagerungsschichten der Erde gefunden.

Veterinär, Tierarzt.

Voltigieren, Turnen am lebenden Pferd im Stand und in der Bewegung.

Wallach, unfruchtbarer (kastrierter) Hengst.

Widerrist, vorderer, am Halsansatz des Pferdes beginnender Teil des Rückens, der durch die ersten 10–12 Rückenwirbel gebildet wird; er hat beim 5. Wirbel seinen höchsten Punkt.

X hinter dem Namen eines Pferdes = Angloaraber; xx = Zeichen für einen englischen Vollblüter; ox = arabischer Vollblüter.

Yodphur, lange Reithose ohne Stiefel, nur mit Stiefeletten zu tragen.

Zeitspringen, Springprüfung, bei der sich alle Springfehler in Strafsekunden verwandeln.

Krankheits-Register

Abortus, Verfohlen, Frühgeburt; auch zeitgerechtes Verfohlen infolge krankhafter Ursachen.

Abszeß, abgeschlossener Eiterherd, der chirurgischer Entfernung bedarf.

Aderlaß, fachgerechtes Öffnen einer Blutader oder Vene.

Anämie, Blutarmut, durch einen Virus hervorgerufen; meist sehr bösartig und überwiegend ansteckend, vielfach nicht zu heilen und innerhalb von ein bis zwei Wochen zum Tod führend.

Anästhesie, örtliche oder totale Betäubung.

Antitoxine, Impfstoffe, die Infektionserreger bekämpfen.

Aorta, Hauptschlagader, aus der linken Herzkammer entspringend.

Atrophie, fortschreitender Schwund der willkürlichen Muskeln infolge Erkrankung von Nerven oder Muskeln sowie durch mangelnden Gebrauch bestimmter Muskelgruppen.

Blinddarm, Teil des Dickdarms, erstreckt sich von der Flankengegend bis zum Brustbein; vermag viermal so viel aufzunehmen wie der Magen.

Blöde, Ausdruck für »Klammgehen« nach zu scharfem Berunden der Hufe durch den Schmied.

Blutergüsse, Blutbeule; geschwulstartige Ansammlung von Blut nach Verletzung der Blutgefäße und Austritt aus der Blutbahn.

Bockhuf, zu steile Zehenwand (Winkel zum Tragrand über 60%), daraus Kontraktion der Beugesehnen der Zehe; vererbbar.

Brandmauke, bösartige Hautentzündung, Hautzerfall in der Fesselbeuge infolge Bakterieneinwirkung; oft ansteckend.

Brennen, tierärztlicher Eingriff zur Behebung chronischer Sehnen- und Gelenkentzündungen. Die Sehnen werden nach örtlicher Betäubung mit Brenneisen gebrannt.

Dampf, Dämpfigkeit, ein Hauptmangel (Gewährsmangel); Atembeschwerden, die durch einen chronischen Krankheitszustand der Lunge oder des Herzens bewirkt werden.

Darmkatarrh, Entzündung der Darmschleimhaut verschiedenen Grades. Anzeichen: Mattigkeit, Unruhe, Durstgefühl, übelriechender Kot.

Darmverschlingung, Verdrehung des Darmes und Gekröses, starke Kolik, meist mit Todesfolge.

Desinfektion, Vernichtung gesundheitsschädlicher Stoffe und Krankheitserreger (Bakterien) durch chemische Mittel.

Druse, Katarrh der oberen Luftwege mit Erkrankung der Schleimhäute, oftmals verbunden mit eitriger Entzündung der Kehlgangsdrüsen und starkem Nasenausfluß. Ansteckend, jedoch durch verbesserte Vorbeugungs- und Bekämpfungsmittel in ihrer Auswirkung wesentlich gemildert.

Dummkoller, Hauptmangel (Gewährsmangel), unheilbare Gehirnerkrankung, bei der das Bewußtsein herabgesetzt ist.

Einspritzung, Injektion, nur durch einen Tierarzt durchzuführen.

Englische Krankheit, Rachitis, Knochenweiche, kommt bei Pferden zuweilen bei ungünstigen Aufzuchtverhältnissen vor.

Epidermis, die Oberhaut der aus drei Schichten bestehenden Pferdehaut.

Falsche Kolik, kolikartige Nebenerscheinungen, die nichts mit Verdauungsstörungen zu tun haben, z. B. Geburtswehen oder Harnverhaltungen.

Fesselgallen, schmerzlose Anschwellungen infolge Flüssigkeitsansammlung in den Scheiden der Beugesehnen; durch Bandagieren und Massieren zu mindern oder zu beseitigen.

Fieber, krankhafte Steigerung der Normaltemperatur, die 37,5 Grad Celsius beträgt. 38,2 bis 38,5 Grad ist erhöhte Temperatur, bei 39 Grad tritt das sogenannte Fieber ein.

Fissur, nicht vollkommener Bruch eines Knochens, Knochenriß.

Fluid, Sammelbegriff für Einreibemittel, die hautreizend und danach heilend wirken sollen; besonders auch bei Sehnenschäden gebraucht.

Freßpulver, appetitanregende Mittel auf pflanzlicher Grundlage.

Fußräude, Hauterkrankung, hervorgerufen durch tierische Parasiten, Milben, vorwiegend an den Hinterbeinen.

Futterrehe, bei Überfütterung im Verhältnis zu mangelhafter Bewegung entstehende Verkrampfungs- und Lahmheitserscheinungen; bei rechtzeitiger tierärztlicher Behandlung ohne schädliche Folgen.

Gewährsmängel, gesetzliche, die innerhalb von 14 Tagen nach dem Kauf dem Verkäufer angezeigt werden müssen. Es sind dies: Dummkoller, Dämpfigkeit, Kehlkopfpfeifen, Rotz, periodische Augenentzündung, Krippensetzen (Koppen, Luft abschlucken).

Haarausfall, meist infolge Hauterkrankungen; Flechten, Schweißekzeme; häufig ansteckend und konsequenter, oft rigoroser tierärztlicher Behandlung bedürfend.

Hakenzähne, kleine spitze Zahnecken zwischen den Schneide- und Backenzähnen, im allgemeinen nur bei Hengsten (Wallachen).

Hammelschwanz, kraftlos herabhängende Schweifrübe, die nach Lähmungserscheinungen nicht getragen werden kann.

Hasenohren, lange Ohren, deren Spitzen nach innen gerichtet sind.

Hauptmängel, siehe Gewährsmängel.

Hechtgebiß, fehlerhafte Zahnstellung, die Zähne des Unterkiefers stehen vor denen des Oberkiefers.

Hitzschlag, Kreislaufstörung infolge großer Hitze oder Sonneneinwirkung; überwiegend nur bei kaltblütigen Rassen.

Hornspalt, Spaltung des Hufhorns in seiner Längsrichtung; in ungefährlicher Form Windrisse genannt; bei tiefergehendem Spalt ist ein orthopädischer Beschlag notwendig, der einen langwierigen Heilungsprozeß ermöglicht.

Hufgeschwür, eitrige Entzündung der Huflederhaut im Bereich der weißen Linie.

Husten, Folge der Reizung der Schleimhäute in den Luftwegen; in verschiedenen, oft hartnäckigen Formen auftretend, sich bisweilen in Epidemien ausbreitend und mit Fieber verbunden.

Infektion, Ansteckung durch Bakterien, Bazillen, Pilze.

Inkubation, Zeit zwischen der Ansteckung und dem Ausbruch der Krankheit.

Kehlkopfpfeifen, meist die Folge irgendeiner Erkrankung des Kehlkopfes oder der Luftröhre; infolge Lähmung eines Stimmbandes ergibt sich beim Einatmen dann ein pfeifendes Geräusch, und die Atmung wird behindert (Gewährsmangel, s. dort).

Kolik, verschiedene Magen-Darm-Erkrankungen, verbunden mit Leibschmerzen. Kennzeichen: Unruhe, Neigung zum Hinwerfen, Verstopfung, Schweißausbrüche, ständiges Umsehen zur Leibgegend. Tierärztliche Hilfe erforderlich.

Kreuzgalle, durchgehende Sprunggelenksgalle, die zu Lahmheitserscheinungen führen kann; Entstehung durch zu weiche Aufzucht, zu eiweißreiche Fütterung oder durch Unfall (Ausrutschen).

Kreuzschwäche, auch Kreuzlähme, schwankender Gang, Direktionslosigkeit der Hinterhand.

Krippensetzer, einer der sechs Gewährsmängel; vorsätzliches Luftschlucken, bisweilen mit Schwerfutterigkeitserscheinungen oder Kolikanfällen im Gefolge, vielfach aber auch nur eine harmlose, unschöne Angewohnheit.

Maulgatter, tierärztliches Instrument, mit dem das Pferdemaul bei Untersuchungen und Behandlungen offengehalten wird.

Nageltritt, Verletzung der Hornsohle durch spitze Gegenstände.

Nervenschnitt, operativer Eingriff zur Stillegung eines bestimmten Nervs, z. B. Korrektur einer chronischen Lahmheit (»Hufrolle«).

Noteisen, Behelfsbeschlag.

Observationsfrist, Zeitdauer der veterinärärztlichen Beobachtung von Pferden zur Vermeidung der Ausbreitung von Seuchen.

Pathologie, Lehre von den krankhaften Veränderungen der Organe und Gewebe im Körper.

Periodische Augenentzündung, (Gewährsmangel), periodische Augenerkrankung (auch Mondblindheit genannt), die im Lauf der Zeit fast immer zur Erblindung führt.

Phlegmone, Entzündung der Zellgewebe unter der Haut, oft eitrige, sehr schmerzhafte Erkrankung der unteren Gliedmaße mit unförmigen Verdickungen.

Quarantäne, Absonderung zwecks Beobachtung auf seuchenhafte Erkrankungen, z. B. bei Auslandsimporten.

Räude, Hautkrankheit durch Räudemilben; sehr ansteckend und mit starkem Haarausfall verbunden, anzeigepflichtig; in Deutschland so gut wie ausgestorben.

Reizmittel, gesetzlich verbotene Aufputschmittel zur Leistungssteigerung (Doping).

Rotz, Gewährsmangel; in Deutschland seit langem nicht mehr aufgetretene Krankheit, die sehr ansteckend ist. Anzeigepflichtig und mit Nottötung verbunden.

Sonde, tierärztliches Instrument zur Untersuchung von Wunden.

Spat, Knochenauftreibung infolge Entzündung an der Innenfläche des Sprunggelenks; bei ungünstiger Lage bisweilen chronisches Lahmen verursachend.

Star, Augenerkrankung, die zu Sehstörungen oder Erblindung führt.

Starrkrampf, durch Tetanusbazillen hervorgerufene Muskelstarre (Wundinfektionen), die meist tödlich verläuft.

Steingalle, Blutung im Hufhorn infolge Quetschung oder Zerrung der Huflederhaut.

Tetanus, entscheidende Impfung gegen Starrkrampf.

Toxine, giftige Stoffwechselprodukte der Bakterien.

Trachtenzwang, Verengung der Trachten an den Hufen; häufig mit Lahmheitserscheinungen verbunden; Korrektur durch Beschlag bisweilen erfolgreich.

Trichophyton tonsurans, Fadenpilzgattung, die Glatz- oder Ringflechte beim Pferd erzeugt; ansteckend für Tier und Mensch.

Überköten, gelegentliches Fehltreten infolge Dehnung der Gelenksbänder an den hinteren Fesselköpfen.

Unrein, ungleicher, nicht taktmäßiger Bewegungsablauf; bisweilen verbunden mit ungleich langem Vortritt der parallel arbeitenden Extremitäten.

Verfohlen, Fehlgeburt bei der Stute.

Weben, Stalluntugend; das Pferd tritt schaukelnd auf den Vorderbeinen hin und her.

Winterhaar, im Spätherbst nach Haarwechsel als Winterschutz sich bildender dichterer und längerer Haarwuchs. Im Frühjahr durch erneuten Haarwechsel kurzes dünnes Haar für die warme Jahreszeit.

Zahnwechsel, Abbau der Milchzähne durch die bleibenden Zähne; nicht zu verwechseln mit Hakenbildung, die das Zahnfleisch verletzt und abgeraspelt werden muß.

Register